KOHLHAMMER STUDIENBÜCHER

Krankenpflege

Den Schwestern und Pflegern
des Crailsheimer Krankenhauses gewidmet

Vorwort

Gespräche machen 50% der Krankenpflegearbeit aus. Fast jede Tätigkeit der Pflegenden ist mit Rede, Verständigung, verbaler Zuwendung verbunden. Dabei fällt das Sprechen meistens leicht; es geht so nebenher. Man wählt ja diesen Beruf, der es mit Menschen zu tun hat, weil man zwischenmenschliche Kommunikation schätzt und mit den Kranken Kontakt haben will. Seelsorgerliche Gespräche fallen aber nicht so leicht, – sie sind gefragt, wenn die Menschen leiden, und sie schließen ein, daß wir mit ihnen leiden. Seelsorgerliches Sprechen hat etwas zu tun mit Standhalten und sich Aussetzen, sich Zurücknehmen und Zur-Verfügung-Stellen, es verlangt also eine Haltung, die anstrengend sein kann. Es ist dann weniger die Kunst des Antwortens als vielmehr des Hörens, und sofern es eine Kunst des Sprechens ist, ist es hauptsächlich die Hilfe für den andern, daß er sprechen kann. Seelsorgerliche Gespräche haben also ihre besonderen Merkmale und wollen geübt werden. Dazu möchte dies Studienbuch Unterstützung sein. Es ist von einem Seelsorger geschrieben, der weiß, daß die Hauptlast der Seelsorge nicht bei ihm liegt, sondern bei den Schwestern und Pflegern.

Reinhold Gestrich

Inhaltsverzeichnis

Kapitel 8: Seelsorgerliche Aufgaben im Umgang mit Schwerkranken und Sterbenden

Kapitel 9: Riten und Bräuche der Konfessionen am Sterbebett

Kapitel 10: Zusammenarbeit mit der Krankenhausseelsorge

1. Menschliche, patientenzentrierte, seelsorgerliche Krankenpflege

1.1 Gespräche gehören dazu

Vieles lernt man bei einer dreijährigen Krankenpflegeausbildung – eines wird man wohl ungelernt mitbringen: Die Freude am menschlichen Kontakt und die Fähigkeit zum Gespräch mit den Patienten. Krankenpflege ist eine uralte, urmenschliche *Form der Zuwendung füreinander*, die in ganzheitlicher Kommunikation geschieht. Alle Tätigkeiten bei der Pflege am Krankenbett, beim Transport der Kranken durch die Klinik, beim Essenreichen oder Spazierenführen auf dem Flur sind verbunden mit Sprache und Gesprächen. Je besser den Pflegenden das Ansprechen der Patienten gelingt, umso besser wird das menschlich-therapeutische Klima auf einer Station. Das Miteinander-Reden geschieht als Frage-und-Antwort-Spiel oder kurzer Wortwechsel, als aufmunterndes Ansprechen oder sachliche Information, als Interview bei der Aufnahme oder als seelsorgerliches Gespräch vor einer Operation und in noch vielen andern Formen.

Obwohl Krankenpflege eine ausgesprochen ›handwerkliche‹ Tätigkeit ist, gehört sie zu den Berufen, die besonders intensiv auf verbale Unterstützung angewiesen sind. Das Werkstück ist der Mensch, zu dessen Menschlichkeit der sprachliche Ausdruck gehört, und der nicht leben kann, ohne angesprochen zu werden. Das gilt ganz besonders, wenn er krank ist. Patienten bedürfen der Anrede und des Zuspruchs, der persönlichen Beachtung, der Nachfrage und der Aussprache, weil sie darin erleben, daß sie geachtet und nicht fallengelassen sind. Eine Schwester sagt: 50% von meiner Arbeit ist dem Gespräch gewidmet, – sicher hat sie recht. Krankenpflege ist darum einer der großen Humanberufe wie Lehrer/in, Erzieher/in, Sozialarbeiter/in, Seelsorger/in. Es besteht dabei eine Nähe zu so ›unausgebildeten‹ Menschheitsberufen wie ›Mutter‹ und ›Schwester‹ und genauso zu den spezialisierten Heilberufen Arzt und Psychotherapeut.

In diesem Buch will ich zum Nachdenken über unsere Gespräche auf der Station anregen. Was ereignet sich jeden Tag in unserem Zusammensein mit den Patienten? Welche natürlichen Fähigkeiten zum helfenden Gespräch bringen wir mit? Wo empfinden wir Defizite und Verbesserungsmöglichkeiten? Wie können wir zum Nutzen der Patienten unsere Einfühlung und Gesprächsfähigkeit stärken? Auf dem Weg zur Beantwortung dieser Fragen werden die Schwierigkeiten untersucht, unter denen die Gespräche der Pflegenden leiden könnten, und es werden Anregungen und Beispiele gegeben, mit denen das eigene Gesprächsverhalten überprüft werden kann. Meine Hoffnung ist es, die Sensibilität der Gesprächsführenden dadurch zu unterstützen und Hilfen für die seelsorgerliche Betreuung der Patienten zu geben. So können wir vielleicht dem Ziel ein Stück näherkommen, daß die Patienten die Begleitung erhalten, die sie brauchen, und die wir ihnen ja auch geben wollen.

1.2 Helfen und Heilen – die Berufsmotivation und das Gespräch

Fast alle, die den Beruf Krankenpflege ergreifen, nennen als Motiv für die Berufswahl den Wunsch, anderen Menschen zu helfen. Sie wählen die Krankenpflege also nicht nur deshalb, weil sie die Arbeit mit Lebendigem der Arbeit an Maschinen vorziehen, sondern auch, weil sie sich gerne Menschen fürsorglich zuwenden wollen, die Hilfe brauchen. So steht am Anfang der Berufslaufbahn vielleicht ein Ideal der mitmenschlichen Zuwendung, das sich folgende Ziele setzen könnte:

»Ich möchte mich den Patienten zur Verfügung stellen und ganz für sie da sein. Durch meinen Dienst will ich ihre Schmerzen lindern, ihr Leid erleichtern und ihre Genesung mit ganzer Hingabe fördern. Die Patienten sollen sich in meiner Pflege nicht nur körperlich, sondern auch seelisch wohlfühlen. Deshalb will ich jede Gelegenheit nützen, mich den Patienten mit einem freundlichem Wort zuzuwenden, ihnen im Gespräch mit Verständnis und Teilnahme begegnen und möchte mich außer um die medizinischen Probleme auch um die familiären und sozialen Belange kümmern. Ich will auch der psychischen Seite der Krankheit meine Aufmerksamkeit schenken und auf die Gefühle der Patienten achten, die mit ihrer Behandlung einhergehen. Dazu mühe ich mich um Freundlichkeit und ein fröhliches, zugewandtes Wesen, zeige mich aufgeschlossen, einfühlsam, hilfsbereit und möglichst immer gesprächsbereit.«

Das könnten die innerlich gesprochen Worte eines Pflegers, einer Schwester sein, durch die die mitmenschliche Berufsmotivation näher beschrieben wird. Freilich, wir werden sehen: es gibt auch Faktoren, die solchen Idealen der Pflegearbeit im Weg stehen. Nicht ganz zu unterschätzen sind diejenigen Hindernisse, die – ohne daß wir es wissen – in unserer eigenen Person verborgen sind. Eines möchte ich hier schon nennen: Das Bedürfnis, anderen zu helfen, ist manchmal gleichbedeutend mit einem Bedürfnis nach Nähe. Daran ist noch nichts Problematisches. Freilich, wenn wir Nähe schenken aus dem eigenen Bedürfnis heraus, anderen Menschen nahezukommen, kann es passieren, daß wir den Abstand zu ihnen verlieren. Und das erschwert eine helfende Beziehung insofern, als man in ihr immer auch Distanz braucht: *Abstand* ist die Voraussetzung, um besser hinsehen, wahrnehmen und verstehen zu können. Als helfende Personen sollen wir uns dem andern zuwenden, aber gleichzeitig so viel von ihm zurückwenden, daß wir Raum haben, um gut zu sehen, gründlich zu überlegen und erst dann zu sprechen oder zu handeln. So handelt es sich in der Krankenpflege – wie in anderen helfenden Beziehungen – um die Aufgabe, die naive Nähe, die vielleicht mehr wir selbst und

weniger die Kranken brauchen, zu unterscheiden von der Nähe, die dem andern wirklich weiterhilft.
Trotzdem ist die Berufsmotivation ›Helfen‹ eine ganz wertvolle Voraussetzung auch für das seelsorgerliche Gespräch. Mit diesem inneren Beweggrund kann sich ein Pflegender gut in die Patienten einfühlen und mit ihnen mitfühlen. Er wendet sich ihnen gerne zu und ruht nicht, bis er ihre Bedürfnisse befriedigt hat. Auch im seelsorgerlichen Gespräch geht es zunächst um diese Grundhaltung: Ich möchte für dich dasein!

1.3 Krankenpflege – vom ganzen Menschen für den ganzen Menschen

Das unbedingt Reizvolle an der Krankenpflege ist, daß sie sich nicht auf einzelne Fertigkeiten und Handreichungen reduzieren läßt, und auch noch nicht richtig definiert wird, wenn man sagt, die sei eine Tätigkeit der Hände, verbunden mit menschlicher Anrede. vielmehr ist Krankenpflege erst dann richtig beschrieben, wenn man sie umfassend sieht: als *helfende, heilende Zuwendung eines ganzen Menschen zu einem ganzen Menschen*. So, wie wir den Patienten nicht in getrennt zu beachtende Bestandteile aufteilen wollen, ebenso kann auch die Pflegefürsorge sich nicht aufspalten in Handwerk und Seelenbemühung oder Dienstleistung und mitmenschliche Fürsorge.
»Du sollst Gott den Herrn lieben mit ganzem Herzen, ganzer Seele und ganzer Vernunft«, sagt das Alte Testament und drückt damit die Ganzheit der Gottesbeziehung aus, die alle Teile unseres Menschseins umfaßt. Ähnlich kann man für die Krankenpflege formulieren: »Du sollst für den Patienten dasein mit ganzer Leibeskraft, ganzer Seele und ganzem Geist!« Krankenfplege ist nicht möglich ohne Mitgefühl, Interesse, Hingabe und Nachdenken. Ebenso wie sie nicht denkbar ist ohne medizinische Ausbildung, pflegerische Erfahrung und handgeschickliche Sorgfalt. Ob man ›nur‹ Blutdruck mißt oder Infusionen anhängt, ob man den täglichen Patientenbericht schreibt oder den Arzt bei der Visite berät, ob man einen Patienten zur Operation begleitet oder ihm in schweren Nöten beisteht: immer ist der ungeteilte Mensch gefordert, der ganzheitlich seine Berufsaufgabe erfüllt. Die Menschen in den Betten brauchen nicht nur die Hilfe des Pflegenden, sondern auch ihn selber, seine Nähe, Zuwendung und Freundschaft, denn auch diese haben eine therapeutische Wirkung und tragen zur Genesung etwas bei. Darum darf man sagen: Krankenpflege ist 100% manuelle Tätigkeit und 100% seelisch-geistige Hinwendung und Begleitung. Die gesamte Lebendigkeit, Kraft und Liebe eines Menschen ist in diesem Beruf gefordert. Nur wenn man bereit ist, sich selbst so einzubringen, entsteht in einem so ein Glücksgefühl wie bei *Florence Nithingale,* die vor über 100 Jahren sagte:

Krankenpflege »ist eine Kunst und fordert – wenn sie zur Kunst werden soll – eine ebenso große Hingabe, eine ebenso ernste Vorbereitung wie das Werk eines Malers oder

Bildhauers, denn was bedeutet die Arbeit an toter Leinwand oder kaltem Marmor im Vergleich zu der am lebendigen Körper, dem Tempel für den Geist Gottes? Krankenpflege ist eine der schönsten Künste, fast hätte ich gesagt, die schönste aller Künste.«

1.4 Hindernisse für das Gespräch mit den Patienten

In diesem Abschnitt werden die Hindernisse bedacht, die dem helfenden Gespräch mit dem Patienten immer wieder im Weg stehen können.

Zu wenig Zeit

Die Aufgaben im Pflegedienst scheinen ständig zu wachsen, doch die pro Patient zur Verfügung stehende Zeit wächst nicht mit. Je mehr für die Patienten getan werden kann, umso mehr Handlungen müssen die Pflegenden ausführen und dann auch dokumentieren. Und je mehr die Schwestern mit Hantierungen und Büroarbeiten eingedeckt werden, umso mehr müssen sie ihre Zeit einteilen, die dem einzelnen Kranken noch geschenkt werden darf. Weil sich der Stellenschlüssel trotz der Weiter-Entwicklung in der Pflege nicht verändert hat, muß dieselbe Zahl von Menschen heute eine gegenüber früher wesentlich vermehrte Arbeit leisten. Wenn man sich also einem Patienten widmet, hat man immer schon die vielen anderen vor Augen, die auf etwas warten. Und wenn man an einem Krankenbett sein möchte, um ein Gespräch zu führen, muß man oft schnell ins Stationszimmer zurückkehren, um z. B. ein Telefon zu beantworten oder für den Arzt eine Senkung auszuwerten. Durch die Vervielfältigung der Pflegearbeiten ist der Kontakt zu den Partienten heute vielfach auf die sachlich-technische Kommunikation reduziert, – zu einer persönlichen, dem Einzelnen gerecht werdenden Betreuung fehlt die Zeit. Das wird von allen Pflegekräften am meisten bedauert. So sagt eine Schwester:

»Das Furchtbarste für mich war: zu spüren, was die Patienten brauchen, aber es ihnen nicht geben zu können, weil ich keine Zeit habe. Ich wußte, die Patienten brauchen, daß ich bei ihnen am Bett bleibe und ihnen nur die Hand halte. Aber nein, ich mußte irgendwelche Laborzettel ausfüllen. Wie ein Magnet war ich oft angezogen von den Patienten, aber ich mußte die Kraft aufbringen, aufzustehen und rauszugehen, weil ich keine Zeit hatte, sitzen zu bleiben. Und das nicht nur einmal am Tag, sondern hundert Mal. Das hat mich am meisten fertigemacht.«*

Vertechnisierung der Behandlung und Zersplitterung der Funktionen

Zwischen die Patienten und die Behandelnden hat sich in den letzten Jahrzehnten immer mehr Technik geschoben. Man kann überspitzt sagen: Die Ärzte sind

---

* *Annelie Runge:* Angst am Arbeitsplatz, Stuttgart 1990, S. 24f

dadurch hauptsächlich zu Organisatoren von Diagnoseprogrammen und Auswertern von Befunden geworden; und die Pflegenden trifft das Los, zu Verwaltern und Zubringern des Untersuchungs- und Behandlungsapparats zu ›degenerieren‹. Eine Vielzahl von Personen beschäftigt sich täglich mit den Patienten, und manche Funktionsschwester in großen Häusern hat es umgekehrt mit einer Vielzahl von Personen zu tun, die sie oft nur ein einziges Mal sieht. Außer den Angehörigen des Stationsteams kommen noch andere in die Krankenzimmer: Gymnastikpersonal und Laborantinnen, manchmal extra Essenausteiler und Sozialdienstpersonen. Wie oft am Tag kriegt der Patient dann noch seine eigene Schwester, seinen Pfleger zu Gesicht? Gäbe es auf den Stationen nicht die Gegenbewegung der Gruppenpflege, die den Kranken wieder eine Bezugsperson verschaffen will, – die Patienten wüßten vielleicht bald nicht mehr, wer sich wirklich zuständig für sie fühlt, und an wen sie sich wenden können.

Persönliche Gespräche gelten nicht als Arbeit

Wenn sich Pflegende länger in einem Zimmer aufhalten als für eine bestimmte Tätigkeit notwendig erscheint, setzen sie sich möglicherweise dem Argwohn der Kollegen aus: »Was tust du da drin so lange, willst du uns die Arbeit allein machen lassen? Du vertreibst dir die Zeit mit Plaudereien, und wir können derweil zusehen, wie wir fertigwerden!“ Solche Kritik mag tatsächlich ausgesprochen oder von den Pflegepersonen nur befürchtet werden, – selbst als nur befürchtete tut sie ihre Wirkung. Pfleger und Schwestern geben sich Mühe, mit den Patienten ›so schnell wie möglich‹ fertig zu werden. Obwohl die ganzheitliche, seelsorgerliche Krankenpflege von ihnen allen gutgeheißen wird, gibt es diesen unsichtbaren Gruppendruck auf den Stationen, der die Leute zwingt, sich meistens auf die somatische Seite der Pflegearbeit zu beschränken. Seelsorgerliche Gespräche gelten vor allem dann nicht als Arbeit, wenn von der nur auf den Körper bezogenen Arbeit sehr viel zu erledigen ist. Man darf unter diesen Bedingungen im Zusammenhang einer Verrichtung oder Information auf den Patienten kurz eingehen. Extrakontakte, die nur dem Menschlichen gelten, erscheinen dann aber leider als ein nicht gutzuheißender Luxus.

Gibt es eine neue Gleichgültigkeit?

Wenn man den enormen Zeitmangel und die Zersplitterung der Funktionen bedenkt, kann man zu der Frage kommen, die *Gerard Egan* schon 1979 gestellt* hat: »Was bedeutet es, wenn jemand einen andern bezahlt, damit er jemand hilft, der ihm eigentlich gleichgültig ist?« »Die Antwort muß wohllauten: Es bedeutet, daß eine rein mechanische Hilfe geleistet wird.« So sagt es *Reinhard Neubauer***, der sich auch mit dem Problem der Überlastung im Pflegedienst beschäftigt. Aber

* Der fähige Helfer, Stuttgart, 1979.
** Haus für Kranke, Göttingen 1981, S. 186.

ich finde, darauf muß sofort die Gegenfrage gestellt werden: Kann es das wirklich geben – Gleichgültigkeit in der Krankenpflege? Ist es denkbar, daß den gestreßten und von der vielfältigen Arbeitslast überforderten Mitarbeitern ihre Patienten so einerlei werden, daß sie ihnen nur noch mechanische Hilfe leisten? Ich meine Nein. Ich kann mir zwar vorstellen, daß die Fähigkeit zu Mitgefühl und persönlich gestalteter Beziehung abnimmt, je höher die Anforderungen an die Pflegenden sind. Doch werde ich niemals glauben können, daß unter den heute veränderten Bedingungen eine neue Generation von Schwestern und Pflegern heranrückt, die ihre Arbeit nur noch als Job auffassen und in den Patienten ›Sachen‹ sehen. Die Gleichgültigkeit für eine drohende Gefahr oder echte Möglichkeit zu halten, das widerspräche allem, was wir von der Motivation zum Pflegeberuf gesagt haben, und es würde die Menschlichkeit des Menschen in Frage stellen, die in der Zuwendung zum leidenden Mitmenschen doch ihre höchste Sinnerfüllung findet.

Die heilende Beziehung ist Sache des Arztes

Bei nicht wenigen Pflegenden trifft man noch auf ein Verständnis von ihrem Beruf, das diesen als etwas Untergeordnetes, Dienendes erscheinen läßt. Solche Mitarbeiter sehen ihre Arbeit nicht als gleichberechtigten Beitrag zum Heilungsgeschehen, sondern als bloße Unterstützung des ärztlichen Tuns, die mehr im Hintergrund bleibt. So wird der Kranke zwar mit ganzer Hingabe gepflegt, doch die ›heilende Beziehung‹, die sich dem Patienten ganzheitlich zuwendet, wird dem Arzt überlassen.

Es ist leider so: die Pflegenden werden auch von Ärzten oft nicht als voll gleichberechtigte Mitarbeiter im Auftrag der Heilung angesehen, auch wenn sich die Stationsbeschäftigten alle ein ›Team‹ nennen. Die Pflegenden stehen zwar in viel intensiverem Kontakt zu den Patienten und wissen besser, wie diese sich befinden, – doch ihr Wissen wird häufig nicht so abgerufen und in Gebrauch genommen, wie es eigentlich richtig wäre. In den Stationen gibt es nur eine mehr zufällige, aber meist keine regulierte Form des Austauschs über solche Patientenkenntnisse, die mehr auf das Menschliche und Seelsorgerliche Rücksicht nehmen. Vielleicht reagieren die Pflegenden auf diesen Mißstand mit der Tendenz, ihre personenzentrierten Beobachtungen ebenfalls weit weniger wichtig zu nehmen als die Überwachung von Blutdruck, Puls und Medikamenten. Zwar werden in die Akte täglich auch Dinge eingetragen, die über das subjektive Befinden der Patienten Auskunft geben. Aber auch diese Beobachtungen sollen hauptsächlich den Ärzten dienen: sie fügen sich so in das Behandlungsgeschehen ein, daß wichtige menschliche Gespräche, wenn sie vorkommen, weiterhin vom Arzt geführt werden. Die Pflegenden geben die Anstöße für solche Gespräche, aber dann halten sie sich heraus und nehmen sich zurück – sie sind ja ›nur‹ nichtärztliche Heil-Hilfspersonen! Sollte nicht das gesamte Heilungspersonal gleichberechtigt bei Pflege von Körper, Seele und Geist der Patienten zusammenwirken?

Haben wir genug Kraft und sind wir ausreichend geschult?

Krankenpflege hat es schwer: Täglich müssen die an den Betten Arbeitenden mit Leid, Angst und Schrecken umgehen, mit Unfall, Trauma und Tod. Sie brauchen auch selbst Abstand und Schutz, um in der Häufung von seelischer Belastung überleben zu können. Ist es nicht zu viel verlangt, wenn man sich auch noch des persönlichen Kummers der Patienten annehmen soll, ihrer lebensgeschichtlichen und familiären Probleme, ihrer ganzen Not bei der Bewältigung des Krankheitsschicksals? Wer hilft denn den Pflegenden, mit all dem fertig zu werden, was sie in ihrem Dienst erleben? Sogar die Angehörigen der Patienten wollen noch in die Aufmerksamkeit des Pflegepersonals mit einbezogen werden. Wie soll man das schaffen? Wozu hat man die Seelsorger und Sozialarbeiter, sind sie nicht für die speziellen psychischen und familiären Probleme zuständig?
Und können wir das von unserer Ausbildung her überhaupt leisten, Gespräche führen, die den Namen ›seelsorgerlich‹ verdienen? Können wir heraushören, was die Patienten uns über die tieferen Schichten ihres Erlebens mitteilen wollen? Haben wir ein Gespür für die Symbolik bestimmter Äußerungen, so daß wir angemessen darauf eingehen können? Deuten wir die seelischen Ausdrucksgehalte der Köpersprache richtig? Können wir existentielle Fragen von medizinischen so unterscheiden, daß wir verstehen, worum es den Patienten wirklich geht? Und wie sollen wir antworten, wenn wir doch selbst meist ratlos sind? Wie sollen wir begleiten, stützen und trösten, wenn wir betroffen verstummen? Was sagen wir den schwer leidenden Patienten, die nicht mehr geheilt werden können? Wie gehen wir mit den Sorgen der Angehörigen um, so daß sie unsere Teilnahme spüren? Wo können wir lernen, Gespräche zu führen, bei denen sich der andere angenommen, verstanden und gehalten fühlt?

So viele Hindernisse türmen sich auf, die dem Gespräch mit den Patienten im Weg stehen. Wie können wir da zu einer Abhilfe und befriedigenden Lösung komen?

1.5 Nicht ablassen, sich um eine befriedigende, ganzheitliche, gesprächsfördernde Pflege zu bemühen

Pflegen heißt, nach Lexikon, »für etwas sorgen, sich um etwas sorgen, etwas hegen«, und bezogen ist das immer auf etwas, das uns wertvoll erscheint, Porzellan, Gläser, Bäume, Gärten, Maschinen, schöne Häuser usw. Ganz besonders wichtig ist uns der Begriff im bezug auf Menschen, z. B. Kinder, Kranke und Alte. Pflege von Menschen, das bedeutet dann: etwas schützen, fördern, erhalten, etwas versorgen, entwickeln helfen, selbständig machen, das noch nicht oder nicht mehr in der Lage ist, für sich selbst zu sorgen. Pflegende können ihre Arbeit nicht mit Befriedigung ausführen, wenn sie – wie es im heutigen Krankenhaus oft der Fall zu sein scheint – für die Pflege in diesem eigentlichen Sinn keine Möglichkeit mehr sehen. Was einem kostbar ist, das will man doch betreuen und eine menschliche Beziehung dazu aufbauen! Pflegerische Abeit

gewinnt nur dann Schönheit und Sinn, wenn sie in der beschriebenen Weise ganzheitlich geschehen kann, d. h. im Vertrautwerden von gesundem Helfer und hilfsbedürftigem Kranken und in der Wechselbeziehung von Leib, Seele und Geist dieser beiden Menschen!
Pflegepersonen bringen die Fähigkeit und Bereitschaft mit, sich zuzuwenden und einzufühlen, sie wollen mit ihren intellektuellen und kreativen Fähigkeiten am Menschen arbeiten, sie wollen Kontakte der Hände und des Herzens fruchtbar machen, auf daß Menschen daran gesunden! Angesichts der Schwierigkeiten geben einige Schwestern und Pfleger vielleicht auf und sagen eines Tages, es geht nicht, und ich will nicht mehr; ich beschränke mich auf meine routinemäßige Pflichterfüllung und auf das unbedingt nötige Minimum an Gesprächskontakten. So aber denken die von ihrem Beruf überzeugten Angehörigen des Pflegeberufes nicht. Sie wollen ihre Fähigkeiten und Ideale nicht dem Betrieb opfern und die Pflege so gestalten, daß seelsorgerliche Gesprächskontakte dabei möglich bleiben.

Eine ›Strategie‹ für Pflegepersonen, die vom Ziel einer befriedigenden Pflegebeziehung nicht abgehen, könnte sein:

1. Keine Gelegenheit auslassen, um mit den Patienten auch in einen Gefühlskontakt zu kommen! Immer wieder bei der Frage: ›Wie geht es Ihnen?‹ so lange aushalten, bis man es wirklich ganz, nicht nur oberflächlich weiß! Dabei sich vor Augen halten, daß man selbst der Patient sein könnte!
2. Wenn das Gespräch mit den Kranken im heutigen Betrieb in Existenzgefahr geraten ist, dann darum kämpfen, daß es wieder Teil der Pflegearbeit werden kann! Mit den Stationsmitarbeitern ständig auch über die menschliche, psychische Seite der Krankheitsschicksale sprechen, damit es Anliegen aller wird, diesen Aspekt noch ernster zu nehmen.
3. In sich selbst die Stimmungen kennenlernen, die einen manchmal resignieren und sich ins Stationszimmer zurückziehen lassen; dann von Neuem den Kontakt mit den Patienten suchen. In der eigenen Person die Meinung bekämpfen, Krankenpflege sei eben ein Beruf wie jeder andere, täglich 7½ Stunden lang.
4. Für sich selbst immer wieder neu definieren, was Krankenpflege heißt, wie man seinen Beruf auffaßt, und wie man Ideal und Realität einander annährern kann. Ohne ein inneres Leitbild erstickt man leicht in den alltäglichen Zwängen auf Station, mit ihm aber bleibt man in selbstkritischer Fortentwicklung.
5. Innerbetrieblich Politik machen für ein menschliches Krankenhaus, in dem wesentliche humane Werte nicht untergehen, sondern täglich neu verwirklicht werden: Freundlichkeit, Geduld, Rücksicht, Fürsorge, Angemessenenheit der Mittel usw.
6. In Staat und Gesellschaft für den Beruf und seine Rechte kämpfen. Den Stellenwert der Krankenpflege in dieser Gesellschaft zu verbessern suchen, die ihre Werte in der Leistung und im wirtschaftlichen Wohlstand sieht, und die darum den Kranken, Behinderten, Alten, Schwachen und Sterbenden nur einen

geringen ›Stellenwert‹ einräumt. Auch für bessere Stellenschlüssel und Gehälter auf die Straße gehen.

7. Also: die eigenen Kräfte einsetzen, damit die Pflege nicht zu einer Dienstleistung entartet, die mehr mechanisch als menschlich geschieht. Auf diese Weise Befriedigung im eigenen Beruf gewinnen bzw. vermehren und für die Patienten ein höheres Maß an Wohlbefinden erreichen. Wenn wir uns nicht vereinseitigen lassen, erleben wir, wie F. Nithingale, daß Krankenpflege eine der schönsten Künste ist, »fast hätte ich gesagt, die schönste aller Künste.«

Literatur:

Hilde-Dore Abermeth, Patientenzentrierte Krankenpflege, Göttingen 1983[3];
Gerard Egan, Der fähige Helfer, 1979;
Genewein, C.M. und *Sporken, P.,* Menschlich pflegen, 1975;
Reinhold Gestrich, Am Krankenbett, Seelsorge in der Klinik, Stuttgart 1988[2];
Liliane Juchli, Heilen durch Wiederentdecken der Ganzheit, Stuttgart 1986[2];
W. *Lauer,* An der Seite des Patienten – Krankenschwestern und Krankenpfleger melden sich zu Wort, 1980;
Reinhard Neubauer; Haus für Kranke, eine christliche Betriebsethik des Krankenhauses, Göttingen 1980;
Annelie Runge; Angst am Arbeitsplatz, Stuttgart 1990;
Wolfang Schmidbauer, Helfen als Beruf, Hamburg 1985[5].

2. Situationen und Bedingungen unserer Gespräche mit den Patienten

2.1 Anlässe, Inhalte und Ziele der Gespräche

Gespräche, Anreden, Worte begleiten die Tätigkeiten in der Krankenpflege. Es beginnt mit der Begrüßung der Patienten am Morgen und dem ersten Gespräch beim Bettenmachen, dem dann bald eine Information über den Ablauf des Tages folgt. Kontakte ergeben sich daraufhin ununterbrochen: beim Abrufen der Patienten zu den Untersuchungen, beim Transport zu Funktionsabteilungen oder in den OP, beim Infusionsanhängen und Verbinden, bei der Vermittlung von wichtigen Erklärungen, beim Ausgeben von Medizin, bei allen Tätigkeiten am Bett vom Einreiben bis zum Waschen, vom Spritzen bis zum Messen, vom Füttern bis An- und Auskleiden im Bett.
Jede Begegnung mit den Patienten kann aus sachlicher, praktischer ebenso wie aus geistiger und seelischer Zuwendung bestehen. Nur in diesem Zusammenklang ist sie pflegerisch oder, was dasselbe ist, menschlich.
Im folgenden werden einige Arbeitsaufträge aufgezeigt, die mit Gesprächen verbunden sind; den sachlichen Inhalten sind die dazugehörigen menschlich-pflegerischen Ziele gegenübergestellt. Die »Arbeitsinhalte« und die »Pflegeziele« stehen in enger innerer Beziehung und sind in der täglichen Praxis nicht voneinander zu trennen.

Praktische Arbeitsinhalte		**Menschliche Pflegeziele**
Begrüßen, aufnehmen, einweisen.	→	Kennenlernen, Beziehung aufbauen, heimisch machen.
Informieren, erläutern, erklären (z.B.: Untersuchungsziele, Behandlungsabläufe, Einzelmaßnahmen der Pflege)	→	Vertrauen schaffen, Verständnis erwecken, Geborgenheit vermitteln, Sicherheit geben.
Sich selbst informieren: über den Zustand des Patienten sprechen: beachten, um zu beobachten.	→	Persönliche Zuwendung schenken; die seelisch-körperliche Befindlichkeit erkunden; durch Teilnahme Wohlbefinden und Kraft des Patienten stärken.

Eingehen auf Bitten, Klagen Wünsche und Ängste.	→	Mit der eigenen Person dem andern ein menschliches Gegenüber geben; auf ihn eingehen und ihn annehmen; ihm gute Worte schenken und ihn dadurch trösten.
Begleitgespräche bei Verrichtungen aller Art.	→	Durch Small-talk über Essen, Wetter, Familie, Krankheit und Gesundheit ein heiteres, entspanntes Klima herstellen, in welchem es dem Kranken leichter wird, sein Schicksal zu meistern.

Menschlich-ganzheitliche Gespräche haben eine heilende Bedeutung für die Patienten, aber auch für die Pflegenden. Ausgeglichene Menschen bleiben können sie nur, wenn auch sie – wie die Patienten – Nähe und Beziehung erleben. Gespräche werden im Krankenzimmer auch aus dem Grund geführt, daß es den Pflegenden dadurch gut geht. Je mehr sie sich, auch als Privatpersonen, mit ihren normalen Bedürfnissen nach Kontakt und Anteilnahme in die Pflege einbringen, umso mehr werden sie mit Befriedigung spüren, daß die Patienten ihnen vertrauen, und daß sie miteinander Menschen sind.

2.2 Begabungen und Fähigkeiten für das Gespräch

Den andern aufnehmen – aufmerksam sein für ihn – seine Äußerungen aufgreifen

Pflegende nehmen Patienten ins Krankenhaus auf, aber sie nehmen damit auch Menschen in eine Beziehung zu sich auf. Ein Weg, die Kranken auch innerlich aufzunehmen, ist der, sorgfältig Notiz zu nehmen von dem, was sie sagen. Man schenkt ihren Worten Beachtung und paßt auf, daß man versteht, was sie meinen. *Aufmerksamkeit* kann Laborwerten und Fieber-Augen eines Patienten gelten, sollte aber genauso dem geschenkt werden, was die Patienten durch Mund- und Körpersprache über ihr Ergehen zum Ausdruck bringen. Der Mensch als Einheit von Leib, Seele und Geist leidet körperlich, gefühlsmäßig und gedanklich, wenn er krank ist. Pflegende achten deshalb beim Patienten nicht nur auf Schmerzgefühle, sondern auch auf Traurigkeiten, nicht nur auf sich verschließende Wunden, sondern auch auf plötzliches Verstummen, nicht nur auf das Mitgehen der Patienten mit dem, was behandelt werden kann, sondern auch auf ihre Reaktion darauf, daß manches nicht mehr behandelt werden kann. – *Aufgreifen* heißt: Dem Patienten behutsam wiederspiegeln, was man von ihm wahrnimmt; in Worte fassen, was man von ihm gehört hat, sieht oder fühlt; ihn fragen, was man nicht ganz verstanden hat; ihm sagen helfen, was vielleicht schwer ausdrückbar ist. Durch Aufmerksamkeit gewinnt man immer mehr Erfahrung für Gefühlsreaktionen von Patienten. Man lernt, ähnlich wie der Arzt, wenn er die Anamnese macht,

Einzelheiten zu einem Bild zusammenzufügen. Man kann mit der Zeit schneller und tiefer erfassen, was in einem andern vorgeht, weil man seinen Gesichtsausdruck und seine Körperbewegungen mit aufnimmt. So wahrgenommene und aufgenommene Patienten kommen in eine Beziehung zu den Pflegenden, bei der diese auch Seelsorger sind.

Beziehung schaffen – betroffen sein können – begleiten

Menschliche Begegnung, die Beziehung schafft, ist eine Grundbedingung der Pflege im Krankenhaus. Beziehung kommt nicht von allein, an ihr muß – bei der ständigen Fluktuation der Patienten – bewußt gearbeitet werden. Solche Arbeit ist beiden aufgegeben, Kranken und Pflegepersonen, doch letzteren sicher noch mehr. Beziehung bedeutet, daß ein Patient sich als Person gekannt, angenommen und in seiner individuellen Eigenart geschätzt fühlen kann. *Beziehung* bedeutet Nähe schenken, sodaß der Kranke auch die Pflegenden in ihrer Menschlichkeit spüren und als Individuen mit Schwächen und Stärken erkennen kann.
Eine bekannte Gefahr in unserem Beruf ist die Routine oder die Abschirmung gegenüber dem Schweren, das aus den Krankenzimmern auf uns zukommt. Wie oft geht man mit oberflächlichen Ermutigungen von einem Klagenden weg, wohl wissend, daß man ihn damit nicht wirklich ernstgenommen, sondern eher sich selbst beruhigt hat. *Betroffensein* können, das ist etwas, von dem Krankenpflegeschüler/innen vielleicht zu viel haben, altgediente Pflegekräfte möglicherweise manchmal nicht mehr genug. Betroffensein können, das habe ich beim Stationspersonal in manchen Situationen tatsächlich schon vermißt. Sich betreffen lassen: Stehenbleiben beim Patienten und mit ihm fühlen; handlungslos ausharren, um Mitleid spüren zu lassen und den andern zu verstehen; zum Ausdruck bringen, daß es auch uns selbst berührt und bewegt, was im andern vorgeht.
Begleiten schließlich als Grundbewegung der seelsorgerichen Pflege meint die Fähigkeit oder Bemühung, einen Patienten während der Zeit seines Aufenthalts aufmerksam, liebevoll und stützend durch das hindurchzuführen, was er durchmachen muß. Zur Begleitung gehört die verantwortungsvolle tägliche (oder manchmal stündliche) Nachfrage, eine teilnahmsvolle, interessierte Fürsorge und ein Gesprächs-Beistand, durch den man mitgeht mit dem, was einen Patienten in seinem Kranksein betrifft. Durch solches Tun vermitteln wir dem andern das Gefühl, daß er nicht allein ist, denn »zu zweit sind wir stärker, und wir beide miteinander werden es schon schaffen!«

Zugehen können (auch auf Schweres) – zuhören – Zuwendung schenken

Wie geht es uns, wenn ein Patient still in seinen Kissen liegt, und Tränen rollen ihm über die Wangen? Dann verunsichert und erschüttert uns das. Wir machen vielleicht irgendetwas, um nicht so hilflos zu erscheinen, streichen über die Bettdecke oder kontrollieren die (natürlich funktionierende) Infusion. Und wenn der Patient immer noch nicht spricht oder sich bewegt, kommen wir oft ins Zimmer und sagen: ›Kopf hoch, es ist doch nicht so schlimm!‹ Vielleicht kommt

es dann plötzlich dazu, daß der Patient sprechen kann: Werden wir dem Schweren standhalten? Ihm zuhören können, bis er alles gesagt hat?
Es gilt als eine Kunst, einem Menschen so zuzuhören, daß er sich wirklich verstanden fühlt. Wer kann das schon, einem andern Ohr, Herz und Mund so schenken, daß er sich dabei ganz in ihn hineinversetzt, nur mit der Absicht, dem andern zu helfen, sich auszudrücken? Das kostet Kraft, vor allem, wenn es vielleicht traurig und schwer ist, was der Kranke sagen möchte. Aber wer solche intensiv-aufmerksame Zuwendung erfährt, der kann sich noch tiefer öffnen und noch deutlicher artikulieren, was in ihm vorgeht. *Zuhören* ist eine Therapie, denn es verdoppelt die Kräfte des andern, aus sich herauszugehen, und läßt ihn erfahren, daß er wirklich verstanden wird und angenommen ist, auch mit seinem Schweren.
Wer sich zuwenden will, muß Zeit und Geduld mitbringen. Manchmal kommt man nicht in Kontakt mit jemand, manchmal erst nach einiger Mühe. Ungeheuer viele verschiedene Menschen kommen in die Krankenstationen. Jeder kann *Zuwendung* brauchen. Pflegende sind nicht allein dafür verantwortlich, es gibt ja auch noch die Verwandten und Freunde. Aber auf geheimnisvolle Weise liegt es in der Ur-Beziehung zwischen Schwestern und Patienten, daß sie gerade von ihnen die Zuwendung besonders erwarten.

2.3 Häufige Gefühlsreaktionen der Patienten

Die Gefühle kennenlernen

Welches sind die im Krankenhaus besonders häufig vorkommenden Gefühle? Die ›guten‹ seien zuerst genannt:
– Vertrauen, Dankbarkeit, Hoffnung, Erleichterung, Glück: denn allermeist kann den Patienten geholfen werden, und die Behandlung geht gut aus.
– Wichtiger für uns sind die negativen Gefühle, denn die Zuwendung zu ihnen ist die schwierigere, aber auch nötigere seelsorgerliche Aufgabe. Patient heißt auf Deutsch ›Leidender‹, und was ein kranker Mensch psychisch erleidet, ist nicht schwer auszudenken und schnell zusammengestellt. Z.B.

- Angst, Nervosität, Unruhe
- Ungewißheit, Sorge und Ungeduld
- Auflehnung, Verzweiflung, Erschöpfung
- Gequältwerden durch innere Fragen
- Niedergeschlagenheit, Depression, Apathie
- Trauer, Scham und Schuld
- Abhängigkeit, Ausgeliefertsein, Wertverlust
- Ohnmacht, Ärger und Aggression.

Jeder Kranke geht durch ein ›finsteres Tal‹ schlimmer Gefühle, manche verbergen oder verdrängen solche Emotionen, manche lassen sie ungehemmt Schwestern und Pflegern gegenüber fließen.

Welche Gefühle kommen am häufigsten vor? Hier muß gesagt werden, daß die Hospitalisierung zuerst mit Angst verbunden ist, und daß Angst vielleicht das stärkste tägliche Begleitgefühl im Krankenhaus ist.
Jeder von uns kann sich vorstellen, daß er selber, sobald er ins Krankenhaus muß, zwischen Vertrauen und Mißtrauen hinundherschwankt, und daß das Ausgeliefertsein an unbekannte Apparate, Fachleute und Behandlungsmethoden ein beunruhigendes Gefühl hervorruft. Weiß man, wie die Behandlung ausgeht? Ob man wirklich so wiederhergestellt wird, wie man es sich erhofft? Wie man mit den unheilbaren Zuständen weiter wird leben können? Die Gesrächsbeispiele von *I.* und *H. Chr. Piper** haben in der Hälfte der Fälle die Angst der Patienten zum Thema: vor Untersuchungen und Befunden, vor Operationen und körperlichen Verletzungen oder Verstümmelungen, vor dem Alleinsein und vor der ›Wahrheit‹. Auch die anderen *Gefühlsreaktionen* sind uns verständlich, wenn wir uns in die Lage der Kranken versetzten. Ratlosigkeit und Zukunftssorgen, Sinnlosigkeitsleiden und Trauer, Verzweiflung und Aggression. Wie oft schiebt ein Patient die schlechte Entwicklung seiner Krankheit aufs Krankenhaus! Wie viele sagen, sie kämen sich nur noch als Versuchskaninchen vor! So mancher ist deprimiert, wenn er zum dritten Mal im gleichen Jahr bei uns liegt! Wann haben wir nicht schon ältere Leute getroffen, die fassungslos dem gegenüber standen, daß es ›mit ihnen jetzt abwärts geht‹!
Gefühle sind etwas sehr Vitales, Bestimmendes und Beharrendes. Man kann sie so schnell nicht ›wegtrösten‹ oder sonst irgendwie überwinden, sondern man muß sie akzeptieren. So wenig wie man etwa das Gefühl der Verliebtheit abstellen oder sich verbieten kann, so wenig kann man andere Gefühle, z. B. Wertverlust, Sorge oder ohnmächtige Resignation, wie sie Patienten oft quälen, einfach wegsprechen, überfahren oder negieren. Man frage deshalb nicht, wie man solchen Gefühlen begegnen soll – im Sinne von: etwas gegen sie tun –, man überlege besser, wie man ihnen gerechtwerden kann, indem man sie wahrnimmt, aufnimmt und fließen läßt. Nicht das bekämpfte Gefühl geht allmählich weg, sondern das zugelassene und im Gespräch ernstgenommene negative Gefühl kann allmählich seine belastende Kraft verlieren. Seelsorge im Krankenhaus, das bedeutet: *Jemand in seinen Gefühlen begleiten,* – nicht aber: jemand aus seinen Gefühlen erretten.

Werden negative Gefühle im Krankenhaus gezeigt?

Eine Frau, die vom Fahrrad stürzte, sagt: »Ich bin zufrieden, daß es nicht schlimmer gekommen ist!« Als Seelsorger antworte ich: »So kann man es sagen, – aber auch andersherum könnte man es betrachten: ›Ach, wie schlimm, daß ich so viele Rippen gebrochen habe und so eine böse Gehirnerschütterung erlitt!‹« Das hört die Frau und beginnt furchbar zu weinen. – Ob die Antwort des Seelsorgers glücklich war, kann bezweifelt werden, das ist jetzt aber nicht der Punkt. Als Seelsorger will ich mit dem Beispiel zeigen, daß hinter einer positiven Gefühlsäu-

* Schwestern reden mit Patienten, Göttingen 1979.

ßerung sehr *oft das Gegenteil verborgen* ist, wie der Wurm im roten Apfel, und daß die Patienten mit ihren sich selbst ermutigenden Äußerungen oft eine dahinter lauernde Trauer oder Verzweiflung überdecken wollen. Wenn man's von der guten Seite sieht, kommt man ja besser mit etwas zurecht!

Gefühle werden häufig nur zur Hälfte gezeigt, und das ›Wegstecken‹ der dunklen Seite wird vom Krankenhaus auch meist kräftig untersützt. Die Ärzte und die Pflegenden strahlen fast immer Heiterkeit und Heilungszuversicht aus, wenn sie zu den Kranken kommen. Ebenso sollen auch die Patienten möglichst immer von Optimismus und Hoffnung erfüllt sein und dadurch, wie man bekanntlich sagt, ›mitmachen‹. Indem sie eine ›positive Einstellung‹ annehmen, fördern sie, wie gesagt, ihre Genesung, sie vollbringen aber gleichzeitig auch eine beachtliche Leistung der Anpassung an die positive Stimmung des Personals, was ihnen nicht immer guttut. Man kann sich gegen diese Feststellung wehren und sagen: Nicht die Patienten passen sich dem professionellen Optimismus des Betriebes an, sondern anders: Die aufmunternde, freundliche Art der Beschäftigten steckt eben die Kranken an, so daß sie sich geborgen fühlen und Zuversicht gewinnen. Aber wie ist es, wenn wir uns z. B. in die Situation der Chef-Visite hineindenken, bei der die teilnehmende Frage: »Na, wie gehts's uns denn heute?« fällt. Wir wissen ja, daß diese Frage leider nicht immer auf die Begegnung mit den Gefühlen des Patienten ausgerichtet ist, sondern im Gegenteil sehr oft auf die Verhinderung einer solchen Begegnung, und daß die Patienten sich regelrecht fürchten, irgend etwas anderes zu antworten: »Gut, Herr Professor!« Es ist also *nicht immer akzeptiert,* daß Kranke ihre wahren Gefühle ausdrücken. Das kann man auch an einem anderen Beispiel zeigen: Krankenhausseelsorger erleben nicht selten die große Scheu vieler Patienten, etwas Kritisches zu Ärzten oder Pflegepersonen zu sagen, weil sie davon Nachteile für ihre Behandlung befürchten. Hilfsbedürftig, wie man ist, kann man es sich kaum leisten, diejenigen, von denen man so sehr abhängig ist, zu belasten oder gar zu erzürnen.

Wir müssen also wohl davon ausgehen, daß nicht wenige Gefühle der Patienten eher verborgen werden: Entweder weil man selbst, so lange es irgend geht, alles von der positiven Seite her sehen möchte; oder weil man es für ›nicht erwachsen‹ hält, negative Gefühle zu zeigen; oder weil man sich nicht traut, dem Personal auf Station zu zeigen, wie man sich wirklich fühlt. Es ist deshalb gut, wenn man sich als Pflegender fragt: Wie bin ich vielleicht selbst daran beteiligt, Gefühle der Patienten *unter die Bettdecke zu sperren:* Weil es mir zu viel ist, mich – neben allen körperlichen Hantierungen – auch ihnen noch zuzuwenden, oder weil auch ich selber in der Station nichts aufkommen lassen will als eben diese ›positive Einstellung‹?

Freilich gilt: Starke Gefühle lassen sich nicht ›unter die Bettdecke sperren‹. Sie kommen irgendwie und irgendwann heraus, und alle, die mit den Patienten zusammen sind, kriegen sie dann mit. Denn gegen Worte, Meinungen, Gedanken kann man sich abschirmen – Gefühle übertragen sich immer.

2.4 Der schwierige Patient

Schwierig ist die Situation für die Menschen im Krankenhaus

Menschen können aus verschiedensten Gründen schwierig sein. Wenn sie krank sind, haben sie vielleicht noch mehr Gründe dafür. Einer wurde im vorigen Abschnitt genannt. Ist es wohl zutreffend, daß die freundlch-geduldige Grundstimmung der Patienten nicht immer ganz echt ist, sondern zugleich auch das Ergebnis einer großen Willensanstrengung und Anpassungsleistung? Dann sind die schwierigen Patienten, die uns so viel Arbeit und Ärger machen, vielleicht manchmal die, die sich dem nicht so widerspruchsfrei anpassen, was im Krankenhausbetrieb von ihnen verlangt wird.
Folgende Belastungen müssen die Kranken in dieser Institution auf sich nehmen:
- Eingebundensein in einen kollektiven Tagesablauf;
- ständige Präsenz und Verfügbarkeit;
- teilweise schematische, unpersönliche Behandlung;
- Aufopferung der Privatsphäre;
- Unterordnung unter die Macht der Institution;
- eingeschränkte Mitsprachemöglichkeit;
- ›Strafen‹ bei Widersetzlichkeit und Kritik.

Das meiste, was die Patienten erdulden müssen, ist behandlungsbedingt unumgänglich (vielleicht mit Ausnahme der frühen Weckzeiten). Dennoch könnte man sich Verbesserungen vorstellen:
Es müßte den Patienten im Krankenhausbetrieb mehr Mitsprache eingeräumt werden. Sie sollten nicht fallengelassen oder mit Ablehnung bestraft werden, wenn sie z.B. angeordnete Maßnahmen kritisieren oder verweigern. Sie sollten durch einen Tagesplan schon morgens ausführlich über alle Diagnoseschritte aufgeklärt werden. Sie sollten jede Diagnose- oder Behandlungsmaßnahme erklärt und begründet bekommen – auch wenn das Zeit kostet.
Sie sollten das Recht eingeräumt bekommen, auch einmal ›Luft abzulassen‹ und Unwillen zu äußern. Sie sollten bei der Visite das Gefühl haben, daß mit ihnen und nicht bloß über sie gesprochen wird. Und schließlich: Sie sollten auch schwierig sein dürfen; denn es ist nicht einfach, krank zu sein und alle körperlichen Eingriffe auf sich nehmen zu müssen, die der Krankenhausaufenthalt mit sich bringt.

Schwierige Patienten sind oft solche, die etwas über einen Umweg sagen

Eine Krankenschwester bemerkt beim Betreten des Einzelzimmers von Herrn M. eine große Blutlache auf dem Boden. Der Patient hatte den Schlauch aus der Kanüle seiner Transfusion gerissen. Der Patient ist zunächst aggressiv und wütend.
Schwester: Was ist denn hier los?!
Patient: Was soll denn los sein! Ist das denn meine Sache?!
Schwester: Ja ... aber ...
Patient: Sie sollen sich doch um mich kümmern! Ich bin doch hier der Patient, also richten Sie sich danach!!
(Zwei Pfleger kommen, schimpfen und putzen auf; die Schwester bleibt ruhig)

Schwester: Herr M., wir möchten alles wieder in Ordnung bringen.
Patient: Ja, Schwester. Nun sind Sie ja auch da, jetzt kann ich auch leise sprechen.
Schwester: Sie fühlen sich alleine, Herr M.?
Patient: Ja, Schwester, das Zimmer ist so leer.*

Was zuerst ins Auge springt, ist das Ärgerliche, Blut auf dem Boden und viel Arbeit. Was der Schwester nach einer Weile bewußt wird, ist der Hintergrund des sinnlosen Tuns des Patienten: seine schreckliche Einsamkeit.

So ist es oft: Was wir *wahrnehmen*, ist das Anstrengende und Ärgerliche, nämlich daß Patienten stören, nörgeln, sich widersetzen, nicht kooperieren, immerzu klingeln, 100 unnötige Fragen haben, uns nicht aus dem Zimmer lassen, doppelte Arbeit machen, ihre Betten verschmutzen, uns gegeneinander ausspielen, die ganze Arbeit des Krankenhauses schlechtmachen und jeglichen Behandlungserfolg auf diese Weise in frage stellen. Was wir oft *nicht* wahrnehmen und erst nach einiger Zeit verstehen, ist der psychische *Hintergrund* solcher störenden Verhaltensweisen. Vielleicht werden wir uns ähnlich unverständlich verhalten, wenn wir lebensgefährlich erkrankt sind und unsere Situation kaum mehr verkraften. Gerade dann, wenn wir mit etwas gar *nicht* mehr fertig werden und die Grenzen unserer psychischen Verarbeitungsmöglichkeiten überschritten sind, bleibt unserer Seele manchmal nur noch der *Umweg*, um auszudrücken, daß wir hilflos am Ende sind. Der gerade Weg ist uns dadurch verbaut, daß wir dann der Belastung nicht mehr erlauben können, voll in unser Bewußtsein einzutreten. Das Bewußtsein sagt z. B.: Du mußt doch stark bleiben! Oder: Das Krankenhaus ist an allem schuld! Der Umweg wird dann *unbewußt* gewählt, wie im obigen Beispiel, wo er verdeutlicht, was der Patient direkt nicht sagen kann. Seine Botschaft heißt: Ich fühle mich verzweifelt allein! Manchmal kommt noch hinzu, daß auch das Stationspersonal uns vielleicht nicht zugesteht, an unserer leibseelischen Not so zu leiden, wie es eigentlich menschlich-natürlich wäre. Dann finden wir Hilfsbahnen, um doch noch Zuwendung zu erreichen.

Die immer neue Aufgabe der Pflegenden besteht also darin, die anstrengenden indirekten Wege, die die Patienten wählen, um sich zu ›melden‹, zu übersetzen und die Botschaft zu entschlüsseln, die im Verhalten der Kranken steckt. Allermeistens wollen die schwierigen Kranken uns mitteilen, daß sie Angst haben, sich allein fühlen oder mit etwas nicht fertigwerden, – kurzum, daß sie Zuwendung brauchen, Verständnis und Hilfe. Nicht alle Schwierigkeiten verschwinden, wenn wir den Umweg verstehen und endlich angemessen darauf reagieren. Aber viele verlieren ihren anstrengenden Charakter, wenn wir uns besser in die Patienten einfühlen können, die uns so ›nerven‹.

Der herzkranke alte Herr X liegt schon 7 Wochen da und belastet das Krankenhaus mit seinen unauffindlichen Schmerzen. Andauernd ruft er um Hilfe, auch nachts, und macht Untersuchungen nötig, die überhaupt nichts ergeben. Das Stationspersonal fesselt er mit vielen Wünschen und langen Reden an sein Bett. Jeder findet die Arbeit mit Herrn X allmählich unerträglich. Weil er Privatpatient ist, wagt niemand, ihm ins Gesicht zu sagen, daß das Krankenhaus

---

* Beispiel nach: *I. u. H. Chr. Piper*, Schwestern reden mit Patienten, Göttingen 1979, S. 78 f.

im Moment nichts mehr für ihn tun kann. Endlich kommen die Leute im Team darauf, daß Herr X, der alleinstehend ist, Angst hat, nach Hause entlassen zu werden, denn dort – fern der Hilfe des Krankenhauses – könnte ihm ein schneller Tod drohen.

Schwierige Patienten sind oft sterbenskranke Patienten
Häufig sind gerade sie es, die noch in unverständlich veränderter Form ihre Not ausdrücken können, – und wie kann das zur Last werden!
Ein Patient übt ständig die ungerechteste Kritik an allem, was das Krankenhaus an ihm tut. Er klagt Ärzte und Schwestern an, lauter Kunstfehler medizinischer und pflegerischer Art an ihm zu begehen. Doch alles, was er sagt, stimmt nicht! – Eine Patientin beansprucht dauernd alle Schwestern und Pfleger und fordert die sofortige Erfüllung ihrer Wünsche, und nichts kann man ihr rechtmachen. Aber sie hat alles, was sie braucht. – Ein Patient ist widerspenstig und behandlungszerstörend, er liegt demonstrativ blutend in seinen Kissen oder steigt über Gitter, er muß sediert oder gefesselt werden. Und nichts, was man unternimmt, scheint ihn zu beruhigen. – Eine Patientin bleibt apathisch im Bett, obwohl sie doch aufstehen könnte, vergräbt sich depressiv, wirkt wie ein ständiger Vorwurf an ihrer Umwelt, weist alle Gesprächsangebote zurück, und jede gute Bemühung scheint an ihr abzuprallen. – Ein Patient kommt zu jeder passenden Gelegenheit ins Stationszimmer, stellt unwichtige Fragen oder will irgendwie unterhalten sein, und meistens dreht sich seine Sorge um banale Schritte der Behandlung und um die Sicherheit der medizinischen Versorgung. Warum? Im Unterbewußtsein fühlt er, daß es eigentlich keine Rettung mehr für ihn gibt.
Was machen wir mit solchen Patienten? Wir müssen sie irgendwie ertragen, denn wir können ihnen meist kaum helfen. Für uns ist ihr Verhalten belastend. Aber es ist *ihr* Weg der Auseinandersetzung mit dem bevorstehenden Tod. Was gibt es Schwereres als den Tod? Nicht wir müssen ihn jetzt erleiden, sondern sie!

2.5 Existenzfragen, auf die es keine (leichte) Antwort gibt

Heute bin ich gesund. Im Moment kann ich mir nicht vorstellen, daß ich vielleicht einmal daliegen und sagen werde: »Warum? Warum mußte es gerade mir geschehen, daß ich diese Krankheit bekommen habe? Wie habe ich das verdient?« Von meinem jetzigen Stand aus finde ich diese Frage reichlich töricht. Krankheiten kommen eben, sage ich heute, man kann nicht wissen, warum sie den einen verschonen und den anderen treffen. Und im Stillen meine ich: Das wird mir auch dann noch klar sein, wenn ich selber einmal eine Krankheit oder Verletzung haben werde. Dann werde ich bestimmt akzeptieren, was nicht zu ändern ist, und geduldig warten, bis es mir wieder besser geht.
Die meisten Menschen sind vielleicht ähnlich wie ich: Sie können sich in Zeiten der Gesundheit nicht vorstellen, von der Warum-Frage, die man als Seelsorger im Krankenhaus immer wieder hört, jemals geplagt zu werden. Diese religiöse Frage stellt man als aufgeklärter Mensch sonst ja auch nicht. Man akzeptiert eben, daß die Dinge sind, wie sie sind, und daß es ungerechte Verhältnisse auf der Welt gibt,

und daß die einen früher sterben als die andern, und daß es den Schlechten oft gut geht und den Guten schlecht.
Doch wie ist es so ganz anders, wenn man plötzlich selbst betroffen ist! Weisheit und Vernunft scheinen wie weggeblasen, man liegt da und leidet, ist schwer geschlagen und fragt: »Herr, warum ich? Was habe ich getan? Habe i c h so etwas verdient? Was ist der Sinn?«
Auch Schwestern und Pfleger kommen in die Lage, daß solche Fragen an sie gerichtet werden, die man Existenzfragen nennt. Wie werden sie darauf reagieren? Die Fragen können z. B. lauten:

- »Schwester, warum werde ich nicht wieder gesund?«
- »Was soll ich machen, was wird aus mir?«
- »Gibt es eine Gerechtigkeit auf der Welt?«
- »Warum muß gerade ich diese Schmerzen leiden?«
- »Woher kommen eigentlich solche Krankheiten, wie ich sie habe?«
- »Warum muß ausgerechnet ich hier 7 Wochen liegen?«
- »Was ist der Sinn meiner Krankheit?«
- »Hat das Schicksal mich fallengelassen?«
- »Muß das mir jetzt noch passieren? Haben Sie da eine Erklärung dafür?«

Es gibt Informationsfragen und Seelenfragen – die einen können wir beantworten, die andern in der Regel nicht. Weil wir aber gewohnt sind, Fragen der Patienten schnell zu befriedigen, lassen wir uns auch bei diesen seelischen Fragen oft nicht die Zeit, die wir bräuchten, um zu erkennen, daß wir eigentlich keine Antwort haben. Wir sagen etwas, damit etwas gesagt ist, z. B.: »Es wird schon werden! Alles hat seinen Sinn! Nichts ist umsonst! Jedem kann mal was passieren! Kopf hoch und mitmachen, dann werden Sie bald gesund!« Würden wir uns die Zeit nehmen, um in uns zu fühlen, wie solche Fragen auf uns wirken, dann könnten wir spüren, daß sie uns schmerzlich hiflos machen. Wie ein Druck oder Schlag in die Magengegend treffen sie uns meist. Und was tun wir dann, um diesen Schmerz schnell loszuwerden? Wir sagen rasch etwas Vernünftiges, immer wahres, allgemein Zutreffendes, möglichst Unverbindliches. Das aber nimmt die persönliche Lage oder die Gefühle des konkreten Patienten nicht auf und wischt seine seelische Frage eher weg. Mit unserer Antwort haben wir dann eher uns selbst geholfen, um wieder beruhigt weiterarbeiten zu können; den Patienten aber im Grunde alleingelassen.
Machen wir uns dies bewußt: *Seelische Fragen* sind eigentlich keine Fragen, sondern eher *Ausrufe!* Und weiter: Die Patienten wollen darauf gar keine Antwort, weil es nämlich keine gibt! Die Kranken wollen und brauchen etwas ganz anderes, nämlich einfühlenden Beistand und mitaushaltende Ratlosigkeit. Darum fragen wir nun: Was ist Empathie?

2.6 Empathie als Weg zum anderen

Empathie heißt Einfühlung; sie ist der Weg zum Verstehen des andern und zu einer tieferen Begegnung mit ihm. In der Pflege ist es die Bemühung, sich so in die

Gefühlswelt der Kranken zu versetzen, daß diese befähigt werden, von dem zu sprechen, was im Zusammenhang mit ihrem Kranksein in ihnen vorgeht: Von ihrer Angst und ihrem Vertrauen, von ihrer Erschöpfung und neuen Kraft, von dem, was in ihnen zerbricht, und dem, was sie heilwerden läßt.
Wer am Krankenbett Zeit und Kraft hat, sich einzufühlen, der gibt sich nicht mit schnellfertigem Mitleid zufrieden, sondern versucht, die wechselvollen Gefühlsbewegungen der Kranken zu erfassen und an ihnen teilzunehmen. Auf diese Weise kann man einem Patienten helfen, sich auszusprechen, und solches Aussprechendürfen ist ein Geschenk, das die Kranken entspannt, befreit und stärkt. Mir steht als Ideal eine Krankenpflege vor Augen, die es schaffen würde, der Seele, den Emotionen (fast) ebenso viel Aufmerksamkeit zu schenken wie dem Körper. Ich weiß, daß das praktisch und menschlich nicht zu schaffen ist. Und doch finde ich oft, daß ich als Krankenhausseelsorger einen Part übernehme, der auch von den Pflegenden etwas mehr wahrgenommen werden könnte.
Einfühlung ist keine komplizierte Methode, sondern jedermann möglich, der sich vornimmt, sich auf die Welt eines Mitmenschen ganz zu konzentrieren, um nichts kennenzulernen als das, was der andere fühlt. Freilich, unsere Gefühlswelt kann manchmal sehr kompliziert sein. Patienten sind nicht immer in der Lage, klar zu sagen, was sie beschwert. Sie stehen wohl auch unter gesellschaftlichem Druck, manche Gefühle eher zu unterdrücken. Viele Gefühlszustände muß man als ›ambivalent‹ bezeichnen, d. h. als Gemisch von verschiedenen, sich oft widerstrebenden Regungen. Einfühlung ist deshalb manchmal ein Suchen auf verschlungenem Weg in unbekanntem Terrain. Sie erfordert Ruhe, Aufmerksamkeit und Kraft und eine gewisse Erfahrung mit dem, was es heißt, Kranksein zu erleben und zu erleiden. Wenn diese Voraussetzungen gegeben sind, hilft das empathische Gespräch, daß der Patient sich verstanden und begleitet fühlt, angenommen und geliebt. Einfühlung ist also nicht nur ein Weg zum besseren Verstehen, sondern gleichzeitig eine Form tieferer menschlicher Zuwendung, die einen Kranken umgeben kann wie eine Oase mitten in der Bedrängnis von Krankheit und Krankenhaus. Dadurch kann er oft loswerden, was er sonst niemand sagen kann, und Vertrauen in die ihn Pflegenden gewinnen, das auf keine andere Weise so intensiv werden kann wie durch Einfühlung.
Besonders hilfreich finde ich es, wenn die Pflegenden sich in *Ängste* einfühlen lernen, die oft hinter ganz anderen Gefühlsäußerungen versteckt sein können. Dazu ein Beispiel:

Ein 50jähriger Patient, zum ersten Mal im Krankenhaus, Manager von Beruf, übt heftig Kritik daran, daß Ärzte und Schwestern sich zu wenig um ihn kümmern, und daß ›der ganze Laden‹, wie er sagt, so übel organisiert sei. Es gebe zu wenig Visiten, zu wenig Aufklärung über Maßnahmen, zu wenig Information über Medikamente usw. Bei näherem Nachfragen stellt sich heraus, daß seine Kritik unberechtigt ist. Alles, was er bemängelt, hat er erhalten. Aber eines offenbar nicht: ein empathisches Eingehen auf seine Ängste, die Symptome könnten diesmal auf ein bösartiges Leiden am Magen hindeuten. Unbewußt wählte der Patient diesen eigenartigen Weg des Sich-Beklagens, denn seine Angst zugeben, das konnte er offensichtlich nicht. Er war ja gewohnt, sein Leben in allen Lagen zu beherrschen. Warum ist es dem Arzt vielleicht tatsächlich unterlaufen, das menschliche Bedürfnis nach Zuwendung zu dieser Angst zu übersehen?

Dazu ein Satz von *H.v.d. Geest**: »Zusammen mit der Konzentration auf den Partner und einer nichtwertenden Haltung verlangt die Einfühlung vom Seelsorger, daß er mit *seiner Angst* umzugehen weiß. Wer die Welt eines anderen besucht, trifft bald auf das Elend in seinen vielen Gestalten und in seinem Gewicht. Das löst Angst aus, es berührt eigene ungelöste Probleme, es macht hilflos. Die natürliche Reaktion darauf ist die Flucht, wenn auch meistens unbewußt. Konkret zeigt sie sich als verfrühter, billiger Trost, als Rationalisierung oder als Themawechsel. Einfühlung ist nur weiter möglich, wenn der Seelsorger seine Angst aushält.«
Jener Arzt hat dann wohl instinktiv die Auseinandersetzung mit der Angst des Kranken vermieden, weil sie ihm selbst zu viel wurde. Um als Arzt arbeiten zu können, braucht er Schutz vor den Todesängsten der Patienten, die ihn selbst auch berühren und betreffen können. Seine Einfühlung kommt hier an ihre Grenze. Wie ist das im Fall der Pflegenden? Ich glaube, weil sie mehr Umgang mit den Patienten haben als die Ärzte, könnten sie Erfahrung sammeln über Gefühlsprozesse, die einen Umweg brauchen. Und aus der Erfahrung könnte eine neue Einfühlungskunst erwachsen. Der verstandene Patient ist am Ende doch der weniger schwierige.

2.7 Krankheitsbewältigung und Religion

Immer wieder wurde bisher betont, wie wichtig es ist, auch *die seelische Seite* der Krankheit ernstzunehmen. Das unterstreicht dieser Abschnitt, der auf die religiöse Krankheitsbewältigung zu sprechen kommt. Im Krankenhaus spielen Religion und Glaube eine große Rolle. Häufiger als in den meisten Lebensbereichen kann man hier Äußerungen und Wirkungen religiösen Vertrauens erleben. Krankenbehandlung geschah von jeher nicht nur mit Medizin und Arzt, sondern immer auch mit Hilfe des Glaubens an Gott. Die Krankenanstalten der Griechen waren Heiligtümer des Gottes Asklepios, in welchen Priester als Ärzte fungierten. Im Mittelalter hatte man Krankensäle, die gleichzeitig als Gottesdiensträume dienten. Es ist nicht nur ein Überbleibsel der unaufgeklärten Vergangenheit, wenn Patienten auch heute noch außer auf die Hilfe des Arztes auch auf die Hilfe Gottes bauen. Religiöse Ausdrucksformen sind zwar starkem Wandel unterworfen, – religiöse Grundgefühle bleiben aber in Jahrtausenden dieselben. Es ist immer noch wahr, was Paulus vor 2000 Jahren zu den Athenern sagte, um ihnen Gott vorzustellen, den sie doch selbst schon kannten und verehrten: »Er ist nicht ferne einem jeden unter uns. Denn in ihm leben, weben und sind wir.« (Apg. 17,27)
An einigen Beispielen soll gezeigt werden, wie religiöser Glaube den Patienten helfen kann, ihr Krankheitsschicksal zu meistern. Bei den Beispielen kommt es mir auf wörtliche Authentizität an, denn nur als persönliche Zeugnisse sind religiöse Äußerungen sinnvoll und glaubhaft. Dennoch fehlt etwas, das auf dem Papier nicht wiedergegeben werden kann, das ist das Gefühl. Alle Äußerungen,

---

* Unter vier Augen, Zürich 1986, S. 237.

die hier zitiert werden, sind unter großer Gefühlsbewegung gemacht worden. Sie sprechen von einem Gehaltenwerden mitten in Gefahr und kommen aus dem Innersten der Existenz, wo Menschen am Tiefsten erschüttert werden.

Positiver Halt in Gott

Gott wird empfunden als
– *Schutz:* »Ich bin die Treppe runtergefallen, sieben Stufen und dann mit dem Kopf aufgeschlagen. Aber Gott hat seine Hand über mich gehalten. Er war bei mir mit seinem Segen. Sonst wäre ich jetzt nicht mehr da. Gottes Behütung, darauf muß man vertrauen, das habe ich schon auf der Flucht gespürt und dann mein ganzes Leben lang!«
– *Kraft:* »Ich habe meinen Herrgott, und den muß man haben! Tief drin muß man den haben! Sonst würde man verzweifeln. Wissen Sie, schon drei Lungenembolien habe ich hinter mir, viel Angst gehabt, und sieben Tage bewußtlos gewesen. Ich halte meinen Mut hoch, weil Gott bei mir ist. Die Jungen, die lachen vielleicht darüber, daß ich so glaube, aber die kommen alle auch mal dran!«
– *Hoffnung:* »Die Ärzte haben mir ganz kalt gesagt: Mit Ihrem Mann, da wird's nichts mehr. Nach dem Infarkt ist das Herz stillgestanden, und das Gehirn hat kein Blut mehr gehabt. Und schon drei Wochen liegt er nun da und kann nichts mehr denken und sprechen. Aber ich gebe die Hoffnung nicht auf. Da entscheidet noch ein andrer drüber, der kann mehr als die Ärzte. Darum komme ich jeden Tag und spreche mit meinem Mann, bis er wieder aufwacht!«
– *Wundertäter:* »Sie wollten mir einen riesigen Tumor rausmachen, der war an der Bauchspeicheldrüse und am Magen und an der Leber gleichzeitig. Und dann haben sie sich drangemacht, um sieben Stunden zu operieren, aber nach einer halben Stunde waren sie fertig. Auf und wieder zu haben sie gemacht. Denn in dem Bauch war nichts Krankes mehr. Ich sage Ihnen, über Nacht war der Tumor weg. Jetzt sind Jahre vergangen, und ich lebe immer noch. Ich weiß, Gott kann Wunder tun!«
– *Grund zum Vertrauen:* »Ich sage Ihnen, diese Operation war gefährlich. Krebs überall. Aber der Arzt hat mir gesagt: Wir werden es schaffen! Und dann habe ich gebetet. Und es ist so ein Vertrauen in mich hineingeströmt. Ich sage Ihnen, ein Buch könnte ich schreiben von dem Vertrauen, so dick, vom Boden bis zur Decke. Das kann ich niemand erklären, aber es ist wahr!«
– *Beistand und Begleiter:* »Ich bin jetzt 88 Jahre alt und wohne schon lang ganz allein. Aber wissen Sie, ich war nie allein, – es ist immer jemand bei mir. Darüber freue ich mich so. Jetzt habe ich den Oberschenkel gebrochen, aber es macht nichts. Ich fühle mich nicht arm oder verlassen. Er ist ja doch immer bei mir!«

Krankheit und Zweifel an Gott

Gott wird empfunden als
– *Strafender:* »Ich bin so gestraft, ich bin so gestraft – warum bin ich so gestraft?! Ich geh doch jeden Sonntag in meine Kirche, und die, die nie in die Kirche gehen,

denen geht es gut. Ich weiß gar nicht, ob es noch einen Gott gibt. Ich kann nicht mehr laufen, und vor einem Jahr ist meine Schwester tödlich verunglückt. Warum hat Gott uns so gestraft? Was haben wir denn verbrochen?«
– *Willkürmacht:* »Gott und gut? Wie wollen Sie so einen Unsinn behaupten. Warum belastet er mich dann so schwer? Schon 25 Jahre bin ich allein, mein Mann ist tot, Kinder gibt's nicht, und Neffen und Nichten sind weit weg. Ich will von Gott nichts wissen. Der Teufel soll mich bald holen, das ist meine Hoffnung!«
– *Abwesender:* »Bei mir ist alles trostlos, krank bin ich, krebskrank ist meine Tochter, schlaganfallkrank meine Frau. Woran sollte ich mich im Alter noch halten können? Wir waren immer gläubig, meine Frau und ich. Aber jetzt – worauf können wir noch hoffen, wer will uns jetzt noch helfen? Ach, es ist alles so trostlos, und ich bin ganz allein!«
– *Ungerechter Richter:* »Gott läßt mir das Essen bringen – aber warum läßt er es mich nicht zu mir nehmen? So schlecht war ich doch auch nicht. Ich habe anderen immer mehr geholfen als mir selbst. Dies ist eine Ungerechtigkeit von Gott, die ich nicht verstehe. Ich weiß, daß man auch das Schwere annehmen soll, – aber so viel müßte es auch nicht sein!«

An der Lebensgrenze

Gott wird empfunden als
– *Letzter Halt:* »Wenn ich den da oben nicht hätte, hätte ich schon längst aufgegeben. Die Gefäßoperationen in meinem Bauch gingen doch immer nah dran vorbei. Nie weiß ich, wann vielleicht mein letzter Tag ist, es kann schon der heutige sein. Aber ich habe ein unheimliches Vertrauen, so wie es heißt: ›Ich sterb heut oder morgen, er tut mich wohl versorgen!‹«
– *Ruf zum Ziel:* »Es hat am Fenster geklopft. Was war das? Meine Frau sagte: Ein Vogel! Am nächsten Tag hat es wieder geklopft. Und am dritten Tag bin ich wie ein Blitz aus heiterem Himmel auf der Schwelle des Hauses zusammengesackt. Dieser Schlaganfall, der mich da getroffen hat, – ich sage Ihnen, das war ein tieferer Einschnitt in meinem Leben als ihn je die Pfarrer bewirken konnten!«
– *Schicksalsmacht:* »Da hat er mir einfach eine runtergehauen, richtig eine hingeplättet, verstehen Sie. Da lieg ich nun und kann mich nicht mehr regen. Das hat getroffen, kann ich Ihnen sagen. Der wollte mich umschmeißen, und das ist ihm auch gelungen. Er ist halt der, der die Macht hat, und wir sind alles kleine Würmer.« (Herzinfarkt)
– *Führung und Geborgenheit, auch bis zum Tod:* »Ja, Gott hat mir viel Gnade gegeben. Schon oft hat er mich in schwerster Gefahr bewahrt. Nun kann ich mich auch leichter in seine Wege einfügen, die er mich führt. Kennen Sie das Lied: ›Weißt du den Weg auch nicht, er weiß ihn wohl. Das macht das Herze still und friedevoll...‹ Einmal kommt die Zeit, und dann werde ich mich in Seine Arme legen, dort wird Ruhe und Friede sein.«

Literatur:

Hilde-Dore Abermeth, Ethische Grundfragen in der Krankenpflege, Göttingen 1989;
E. Barnes, Menschliche Konflikte im Krankenhaus, Stuttgart 1963;
Engelhardt/Wirth/Kindermann, Kranke im Krankenhaus, Stuttgart 1987[2];
Hans van der Geest, Unter vier Augen, Beispiele gelungener Seelsorge, Zürich 1986[3];
Edgar Heim, Krankheit als Krise und Chance, Stuttgart 1980;
R. Hornung/J. Lächler, Psychologisches und soziologisches Grundwissen für Krankenpflegeberufe, München 1986[5];
Wolfgang Pfeiffer, Psychologie des kranken Menschen, Kohlhammer Studienbücher Stuttgart 1986;
Walter Schraml, Psychologie im Krankenhaus, Bern 1970.

3. Krankheit als leib-seelische Krise

3.1 Wenn wir krank werden

Die meisten Krankheiten sind keine Reparaturfälle, die uns selbst nicht weiter berühren, sondern Krisen, unter denen wir leiden als Körperexistenz und ganze Person. Das zeigt schon die Sprache, die wir wählen, wenn uns eine Krankheit trifft. Wir werden von ihr schleichend ›angegriffen‹ oder plötzlich ›überfallen‹. Mit Grippe und Erkältung kann man sich eine Woche ›herumschlagen‹, aber alles andere ›wirft einen aufs Bett‹. Herzinfarkte und Schlaganfälle, aber auch Krebsdiagnosen treffen uns ›wie ein Blitz aus heiterm Himmel‹ oder ›wie ein Hammer‹, und viele von uns werden davon ›umgeworfen‹. Krankheiten ›peinigen‹ oder ›lähmen‹ uns, sie ›schwächen‹ uns und ›machen uns fertig‹. Die Sprache deutet darauf hin, daß wir den Eintritt einer Krankheit als etwas sehr Aggressives, uns wehrlos Treffendes und schlimm Bedrohendes empfinden.

Wenn wir krank werden, verändert sich unser Leben tiefgreifend. Wir werden daran gehindert, in unserer gewohnten Art und vertrauten Umgebung weiterzuleben. Plötzlich ist unsere Umwelt auf ein einziges Zimmer beschränkt, das wir kaum mehr verlassen, und wo wir auf die Hilfe anderer angewiesen sind. Unser Lebensrhythmus nimmt eine neue Form an, ganz von den Bedürfnissen des Körpers bestimmt. Während wir vorher andere Dinge draußen pflegen konnten, Hobbies, Gärten und Geräte, werden wir nun selbst gepflegt. Wir verlieren die Möglichkeit, aktiv auf die Geschicke einzuwirken, werden abhängige Betreuungsobjekte. Unsere Rolle lautet jetzt: Patient sein, Geduldiger, Leidender. Und das ist alles, was wir noch tun können: warten, aushalten und auf Besserung hoffen.

Wir liegen im Bett und sind von Sorgen belastet: um unsere Gesundheit, unsere berufliche Zukunft, das Geschick der Angehörigen, unseren Platz im Leben, um das Leben selbst. Es kann sein, daß wir von dem Gefühl geplagt sind, versagt zu haben. Ist nicht die Krankheit aus eigenem Verschulden ausgebrochen? Wir können jetzt nichts leisten, und das nagt am Selbstwertgefühl. Andere sind draußen tätig, viele müssen für uns sorgen und ihre Zeit dafür hingeben. Unser Lebensrhythmus wandelt sich, alles, was wir noch erleben, hängt mit der Behandlung unserer Krankheit zusammen. Die Stunden und Tage wirken irgendwie leer, sie werden verdöst oder voll Ungeduld abgelegen. Wenn jemand

zu Besuch kommt, ist es schön. Alleingelassen aber fühlen wir uns manchmal wie auf einem Abstellgleis.
Wenn wir krank werden, ist unsre Aufmerksamkeit stark auf das eine hingerichtet, woran wir leiden: auf das nicht funktionsfähige Organ oder das kranke Glied. Kaum bleibt uns Kraft übrig, daß wir uns noch etwas anderem zuwenden. Wir spüren die Begrenzung unserer Kraft schmerzlich, sie erinnert uns an die allgemeine Beschränktheit unserer Möglichkeiten. Ans Bett gefesselt, sehen wir die Welt und das Leben mit ganz anderen Augen, – wenn wir sie überhaupt noch wahrnehmen. Vieles von unserer Umwelt interessiert uns plötzlich nicht mehr. Wir brauchen alle Ressourcen für die Wiederherstellung der körperlichen Gesundheit. Nie hätten wir geglaubt, daß Krankheit, selbst wenn sie leichter ist, uns so zu schaffen machen kann.

3.2 Wenn wir ins Krankenhaus kommen

Sich seiner Kleider entledigen

Man beobachte einmal einen frisch eingewiesenen Kranken, der seine Straßenkleidung ablegt und seinen neuen Platz als Bettpatient einnimmt, und vergleiche seine Bewegungen mit denen eines Menschen, der sich im Schwimmbad umzieht. In den viel langsameren Bewegungen des Kranken kommt zum Ausdruck, wie schwer ihm das *Kleiderablegen* fällt, welches von ihm jetzt geleistet werden muß. Was gibt man da alles ab, wessen wird man da alles *entkleidet! Abgeben* muß man seinen Status als Gesunder (Kranksein ist ein persönlich deprimierender und in der Gesellschaft nicht eben erwünschter Zustand), seine Selbständigkeit und Freiheit (bis zum letzten Tag ist man in jeder Hinsicht ärztlichen Entscheidungen unterworfen), sein Recht auf körperliche Unversehrtheit (man wird dann z.B. immer wieder unterschreiben müssen, daß die meisten Untersuchungen Risiken enthalten, für die das Krankenhaus keine Verantwortung übernimmt). Abgeben muß man Teile der Intimsphäre, des Rechts, über die Zeiteinteilung selbst zu bestimmen, und manchmal auch – wenn man z.B. einer Amputation entgegengeht – körperlicher Ganzheit und Integrität. Aufgenommen werden, Personalien abgeben, die Angehörigen hinter sich lassen, zu einem Zimmer geführt werden, sich ein Bett zuweisen lassen und dann sich entkleiden: was für ein schwieriger Weg!

Rollentausch

Ist man ins Krankenhaus aufgenommen worden, hat man seine alltäglichen Rollen in Beruf, Familie und Verein aufgegeben. Man übernimmt als Patient eine *ganz neue Rolle*. In der neuen Rolle gibt es viele ungeschriebenen Pflichten zu erfüllen: Leide, ohne zu klagen; lerne zu warten; stelle nicht zu viele Fragen; habe zu allen Mitarbeitern und ihren Entscheidungen Vertrauen; folge den Anweisungen; sei zufrieden und dankbar!

Der Patient muß nicht nur den Verlust eines großen Teils seiner Autonomie verkraften, sondern auch eine Umwertung seiner Person. In der Patientenrolle ist fast nur noch sein Krankheitsbild und Genesungsverhalten interessant. Ein ›guter Patient‹ ist der, welcher sich an der Hand nehmen läßt, bei allem ›mitmacht‹, und der, bitteschön, auch wieder gesund wird. Was für Erwartungen hat der Patient in seiner neuen Rolle zu erfüllen, und wie wenig Rechte bleiben ihm noch!

Einschränkung der Persönlichkeit

Je größer die Klinik, umso mehr geht oft auch von der *Individualität* der Patienten *verloren*. Nicht ihre Lebensgeschichte und menschlichen Qualitäten sind jetzt gefragt, sondern fast nur noch ihre Krankengeschichte und organischen Funktionen. Sie werden von Gebäudeteil zu Gebäudeteil gefahren, in Funktionsabteilungen oft serienmäßig abgefertigt, als Nummern hintereinander untersucht, und da von Personen betreut, die sie nur ein einziges Mal sehen. Wenn sie behandelt werden, soll ihr krankes Körperteil möglichst im Sinn der ärztlichen Maßnahme reagieren. Erst nach längerem Aufenthalt entsteht eine persönliche Beziehung zu den Stationsmitarbeitern. Aber wer bleibt schon länger? Alles in allem: Es ist nicht einfach, ins Krankenhaus zu kommen und ein Patient zu werden. Als Mitarbeiter der Institution sehen wir den Betrieb von innen und machen uns manchmal nicht mehr genügend klar, wie schwer es für Kranke ist, von außen hereinzukommen, um behandelt zu werden.

Verständliche Reaktionen

Die ihrer gewohnten Bedeutung entkleideten und ihrer vertrauten Rollen beraubten Menschen, die jetzt zu Patienten wurden, ans Bett gebunden und auf die Behandlung ihrer Krankheit konzentriert, reagieren häufig mit einer verständlichen *Regression*. In kindliche Gefühlszustände und Verhaltensweisen verfallen sie, und nur so können sie die Krankenhauszeit anscheinend überstehen. Regression ist einerseits ein wohltuender Rückzug ins eigene Schneckenhaus, nachdem man seinen Kopf im Leben vielleicht zu weit hinausgestreckt hatte: Krankheit und Krankenhaus verhelfen dann zu einer heilsamen Ruhepause vor dem erneuten Aufbruch. Regression ist andererseits auch eine Folge und Form der Hospitalisierung: der Entaktivierung, der Hilfsbedürftigkeit, der Bettlägerigkeit und der Abhängigkeit. In dieser Art also eine bedauerliche Entwicklung des Menschen, der für einige Zeit wieder zum Pflegewesen wird, das sich in jeder Beziehung versorgen läßt. Regression kann manchmal außerdem eine Art Waffe der Patienten werden, mit der sie auf die Belastungen in ihrer neuen Rolle reagieren. Das zahlt sich bei Schwerkranken und Frischoperierten durchaus aus, die sich dadurch die Zuwendung des Personals sichern. Regression ist in diesem Fall ein egoistisches Hilfsmittel im Kampf der Patienten um ihr Überleben. Später, wenn es ihnen besser geht, werden sie wieder ›progredieren‹, d.h. sich unabhängig machen und auf eigenen Beinen vorwärtsbewegen.

Eine andere Reaktion auf Krankheit und Hospitalisierung, die freilich mit der Regression eng zusammenhängt, ist die *Einschränkung des Bewußtseinshorizonts* und das *egozentrische Hängenbleiben am eigenen Leiden.* Der Patient, der von seinem Krankheitsleid persönlich tief getroffen ist und der keine Aufgaben mehr hat als die, gesund zu werden, ist oft völlig auf sich, seine Symptome und Beschwerden eingeengt und verliert das Interesse an der Umwelt. So auf sich bezogen, kann er auch in eine gewisse Anspruchshaltung verfallen, die auf Schwester und Pfleger anstrengend wirkt. Sind wir nicht auch so gewesen, als wir im Kindesalter krank geworden sind?

3.3 Die Krise der Krankheit bewältigen

»Wenn ein Glied leidet, so leiden alle Glieder mit« (1. Kor. 12,26) oder »Die beste Krankheit taugt nichts« (Volksmund) und »Es bleibt nicht an den Kleidern hängen.« Wie oft haben wir es gesagt: Die Krankheit betrifft den ganzen Menschen, und es gibt keine, die wir von uns abspalten können, als gehörte sie gar nicht zu uns. Wenn wir krank sind, müssen wir körperlich, geistig und seelisch eine Krise bewältigen, die sich vielleicht in folgenden Aspekten äußern kann:

Stellung beziehen zur eigenen Krankheit

Zur eigenen Krankheit muß man irgendwie Stellung beziehen. In manchen Fällen genügt es, daß man sie wie einen Feind betrachtet, dan man bekämpfen und überwinden kann. Viele Krankheiten sind ja auch lediglich vorübergehende Beeinträchtigungen. In anderen Fällen geht es nicht mehr nur um ein Krankheit-*Haben,* sondern wirklich um ein Krank-*Sein.* Im Haben von Krankheit steckt noch die Möglichkeit, sich von ihr zu distanzieren, mit dem Kopf die Kontrolle über alles zu behalten, und die Krankheit schließlich vielleicht wegzubringen. Im Krank-Sein dagegen ist der Mensch als Ganzer krank. Er muß sich emotional und seelisch mit seinem Leiden auseinandersetzen, und es kann sein, daß es ihm zum Leid wird. Eine möglicherweise nicht heilbare chronische Gesundheitsschädigung muß dann verkraftet werden. Auf jeden Fall kommen wir mit unserer Krankheit in eine Krise.

Allgemeine seelische Wirkungen des Krankwerdens:

– **Beeinträchtigung des Selbstbildes:** Wir hatten vorher eine Sicht von uns selber, nach der ›uns nichts passieren konnte‹, denn es ging uns immer gut. Wir hatten ein Körperkonzept, nach dem wir immer stark und schön, gesund und jung waren. Jetzt plötzlich erleben wir, daß wir leistungsschwach, immobilisiert und invalide werden können, zerbrechlich, verletzlich und vergänglich.
– **Verlust des tragenden Grundes:** Wir standen so fest auf dem Boden, mitten im Leben, waren durch nichts aus dem Gleis zu bringen. Und jetzt wankt der Grund,

unser Leben scheint ins Bodenlose zu fallen, der Horizont wird düster, die Hoffnung weicht der Angst: Wie wird es uns gehen? Werden wir je wieder Boden unter die Füße kriegen? Einen Halt finden? Die alte Sicherheit erneuern können?
– **Erlebnis eines Wertverlustes:** Wir müssen damit ringen, daß wir als Leute, die einmal solch eine schlimme Krankheit hatten, nicht mehr denselben sozialen Rang einnehmen wie vorher. Das stürzt uns in Depression. Wir müssen mit einem Geschick fertigwerden, das uns unbarmherzig herunterstuft. Was für eine grausame Welt, wo immer nur die Starken anerkannt sind!

Reaktionen auf einzelne Krankheiten:

Schlaganfall: Man beobachtet sehr oft eine abgrundtiefe Traurigkeit bei den Patienten. Sie sind nicht nur durch hirnorganische Veränderungen gehemmt, so daß sie sehr viel weinen müssen, sondern sie sind auch tief getroffen und verletzt über den Verlust ihrer Beweglichkeit.
Herzinfarkt: Es gibt keine schlimmere plötzliche Bedrohung für das Zentrum des Lebens als diese plötzliche Zerstörung von Herzkranzgefäßen. Viele Patienten können auf die plötzlich eindringende Gefahr nur mit unbewußter Verdrängung reagieren. Sie verleugnen ihre Angst, spalten sie ab und reden zwanghaft heiter davon, wie gut es ihnen geht. Als Pflegepersonal muß man dieses Nicht-Wahrhaben-Können respektieren und schützen als einen seelischen Vorgang, über den der Mensch nicht mächtig ist.
Unfall: Verunglückte Personen reagieren oft mit einem Schock. Eine anfängliche Starre verhindert das Wahrnehmen der Realität. Später kann hemmungsloses Weinen folgen, so als holten sich die Nerven zurück, was am Anfang an Reaktion nicht möglich war.
Krebserkrankung: Es kann sein, daß die Betroffenen es am Anfang vermeiden, das belastete Wort in den Mund zu nehmen. Wenn die Patienten dann den bösartigen Charakter ihres Leidens anerkennen, bäumen sich alle körperlichen und seelischen Abwehrkräfte auf. Schließlich beginnt die Behandlung, und die Patienten schöpfen wieder Hoffnung. Bei Nichtbehandelbarkeit kann es sein, daß sie sich selbst aufgeben und in Depression verfallen.
Entstellende Operation: Viele Kranke müssen den Verlust eines Gliedes oder Organs verkraften. Sie haben es schwer, wenn sie nun als Invaliden weiterleben müssen, sich noch als gleichwertiger Mitmensch zu fühlen. Ein Kehlkopfoperierter wagt sich vielleicht nicht mehr in seinen Verein. Ein Beinamputierter fühlt sich als Krüppel und braucht Zeit, bis er sich seelisch und sozial wieder in der Gesellschaft wohlfühlt.

Seelische Aufgaben des Patienten in seiner Krankheit:

Es gilt, die Symptome der Krankheit oder Verletzung zur Kenntnis zu nehmen und sich mit Beschwerden, Schmerzen oder Behinderung irgendwie zurechtzufinden. Es gilt, ein vernünftiges emotionales Gleichgewicht aufrechtzuerhalten, – trotz Angst, Unsicherheit, Bedrohung und täglich neuer Belastungen.

Es gilt, seine Selbstachtung nicht zu verlieren, sein Vertrauen und seine Balance, also irgendwie über die widrige Situation Herr zu bleiben und sie zu meistern.
Es gilt, mit Verlusten fertigzuwerden, z. B. körperlich negative Veränderungen, Schwäche, Behinderung, Verlust eines Glieds oder Organs, – also eine ›Identitätskrise‹ zu überstehen und auf neue Weise zu sich selbst zu finden.
Es gilt, alle Kräfte, Fähigkeiten, Reserven in sich selbst zu aktivieren, die zur Heilung oder mindestens Stabilisierung beitragen können.
Es gilt, auch in der neuen Rolle als Kranker oder in der neuen Identität als nicht mehr voll Leistungsfähiger Kontakte und Verbindung mit Familie und Freunden aufrechtzuerhalten.

Die Bewältigung der Krise:

Irgendwann gelingt es uns, vorbereitet durch stille Stunden im Krankenbett, vielleicht befördert durch die körperliche Genesung, unsere Ich-Kraft wieder zu erringen und mit unserer Krise fertigzuwerden. Wir wollen ja wieder gesund sein und am Leben bleiben. Wenn wir es nicht werden können, so gelingt es uns vielleicht doch, unsere Probleme ein wenig in den Griff zu bekommen und so die neue Situation anzunehmen.
*Hans-Christoph Piper** sagt: »Der Prozeß der Verarbeitung und Auseinandersetzung ist durch einen ›Dreischritt‹: Widerfahrnis – Erfahrung – Fertig sein markiert. Einem Widerfahrnis (plötzliche Erkrankung, fatale Diagnose) bin ich zunächst hilflos ausgeliefert. Ich fühle mich erstarrt und gelähmt. Ich verstehe und begreife es nicht! Das Widerfahrnis kann zur Er-fahrung werden, wo ich mich aus meiner Erstarrung löse und mit dem, was mich betroffen hat, um-gehen kann. Ich kann es einordnen: Es wird allmählich zu meiner Erfahrung. Es dauert seine Zeit, bis ich damit ›fertig‹ werde. Auch das Wort ›fertig‹ hat mit fahren zu tun, es heißt nämlich ursprünglich: far-tig, fahrbereit, zur Ausfahrt bereit. Ich gewinne wieder neue Zukunft. Mein Lebensschiffchen, das auf Grund gelaufen war, kommt wieder in Fahrt.«

3.4 Die Frage nach dem Sinn der Krankheit

Etwas mit der Krankheit anfangen – kann man das als Betroffener? Ist nicht jede Krankheit so, daß man eigentlich nichts mit ihr anfangen kann, weil sie nichts taugt, höchstens dies, daß man sie bekämpft, um sie zu beseitigen?
Etwas mit der Krankheit anfangen – tatsächlich, das kann man in vielen Fällen nicht. Man kann mit Malaria und Aids nichts Sinnvolles anfangen, sondern nur darauf aus sein, Abwehrstoffe zu entwickeln, die uns endlich gegen solche Infektionskrankheiten immun machen, um diese sinnlosen Feinde der Menschheit zu besiegen.

---

* *Piper*, Krankenhaus-Umschau 4/83, 251 f.

Etwas mit der Krankheit anfangen –, man kann das vom Standpunkt der Medizin auch bejahen und sagen: Dies können wir mit der Krankheit anfangen, daß wir sie hantierbar machen, und daß wir technische und chemische Methoden entwickeln, um über sie Herr zu werden. Also laßt uns forschen und kämpfen und die Wissenschaft zu neuen Triumphen führen, und laßt uns ein Denkmal bauen für uns selbst! Aber trifft diese ärztliche Sicht immer auch das, was der Patient gerade benötigt?

Etwas mit der Krankheit anfangen, irgend etwas Positives daraus gewinnen; so mit der Krankheit innerlich umgehen, daß sie eine Bedeutung gewinnt: Dies ist für den Patienten in manchen Fällen möglich. Es gibt immer wieder Erkrankungen, die wie Tore sein können, durch die hindurchgehend man ein wertvolles neues Land entdeckt. Krankheit kann also manchmal der Ausdruck dessen sein, daß etwas Neues ins Leben eingetreten ist, das im Augenblick nur mit einer Krankheit bewältigt werden kann. Wer weiß, was hinter solchem Krankheitsschicksal für neue Kräfte aufblühen können?

Etwas mit der Krankheit anfangen, nach ihrem Sinn fragen, nicht bloß nach ihrer technologischen Beseitigung trachten, – das wollen immer wieder Patienten, denen die Krankheit ein Rätsel ist oder eine Botschaft; oder Patienten, die nicht glauben wollen, daß ihnen im Leben irgendetwas Sinnloses oder Zweckloses zustoßen könnte. Haben nicht viele Menschen schon Wertvolles entdeckt, als sie nach dem Warum und Wozu der Krankheit fragten?

Etwas mit der Krankheit anfangen, das gelingt z.B. Menschen mit einem Magengeschwür oder einem Herzinfarkt, die von ihrem geplagten Körper eine – offenbar auf keine andere Weise zu empfangende – Botschaft erhalten: Du brauchst Liebe und Geborgenheit!, oder: Warum verlangst du dir immer zu viel ab und nimmst keine Rücksicht auf deinen Körper?! Auch Krebskranke können manchmal ihre Diagnose noch in eine Nachricht des Körpers übersetzen. Darmkrebs z.B. ist nicht nur die Folge von zu viel Fleischgenuß, sondern kann auch Ausdruck einer lebenslangen Selbstunterdrückung sein. Darauf hat die psychosomatische Forschung hingewiesen. Der Leib also als Retter der Seele? Kann das der Sinn mancher Krankheit sein?

Etwas mit der Krankheit anfangen, – das können in ganz anderer Art manchmal auch Menschen, die die Krankheit als Stütze ihres geplagten Ich gebrauchen. Chronische Krankheiten sind nicht immer bloß tragische Belastungen, sondern können hin und wieder auch auf geheimnisvoll-paradoxe Weise helfen, daß Menschen mit ihrem Leben auf Dauer zurechtkommen. Chronische Krankheiten nehmen in solchen Fällen offenbar den Sinn an, vor einer Depression oder gar einem Zusammenbruch der Seele zu bewahren. Sinnvoll ist es dann, Patient und Krankheit nicht wie Feinde zu entzweien, sondern sie einfühlsam miteinander anzunehmen und zu begleiten.

Etwas mit der Krankheit anfangen, das wollen Menschen, die von der Religion her an Führung Gottes oder auch an Weisungen von oben glauben. Die einen stoßen bei der Warum-Frage vielleicht auf ihre Schuld, die andern bei der Wozu-Frage auf viele mögliche Sinn-Erfüllungen, denn »zu irgend etwas muß es doch gut sein!« Wie oft haben wir das erlebt, daß Kranke im geistlichen Umgang mit ihrem Leiden eine Sinn-Antwort erhielten, die ihnen weiterhalf. Und wenn es nur

dies war, daß sie sich nach Rettung aus einer Gefahr enger mit Gott verbunden fühlten, der ihnen »die Last auflegte, aber auch half«, sie zu tragen.
Etwas mit der Krankheit anfangen – das wird aber wieder sehr schwierig bei lebensbedrohenden Leiden, deren Sinnlosigkeit eben dann immer schlimmer empfunden wird, wenn sie zum Tod führen. Wenn Krankheit nur noch zerstört, kann sie nicht mehr sinnvoll ins Leben eingegliedert werden. Trotzdem ist auch die Auseinandersetzung mit dem abwesenden, nicht verstehbaren Gott eine immerhin teilweise noch sinnvolle Arbeit im Leiden. Solange ich als Kranker ein Gegenüber habe, ein Du, zu dem ich sprechen kann, gegen das ich aufbegehren darf, bin ich noch nicht der abgründigen Verzweiflung preisgegeben. Und manchmal hilft der Glaube, auch die Sinnlosigkeit eines solchen Leidens zu ertragen, wenn er erkennen darf, daß sich Gott im Leiden Jesu auch selbst dieser schrecklichen Sinnlosigkeits-Erfahrung ausgesetzt hat. Dann kann aus Not und Entmutigung oft neues Vertrauen entstehen und Einwilligung in chronisches Leiden und selbst in den Tod.
Etwas mit der Krankheit anfangen – das wollen also sehr viele Patienten, die sich mit ihrem Leiden in eine Art Gespräch begeben, oder die Gott um Hilfe bei der schwierigen Suche nach dem Sinn der Krankheit bitten. Pfleger und Schwestern werden immer wieder in solche Gespräche der Patienten mit hineingezogen werden. Nicht daß sie eine Antwort hätten – aber daß sie Verständnis für die seelische Notwendigkeit dieser Sinnsuche im Krankenbett haben und sich dem Patienten verstehend und begleitend zur Verfügung stellen, darauf kommt es an.

Literatur:

Anselm Grün/Meinrad Dufner, Gesundheit als geistliche Aufgabe, Münsterschwarzach 1989;
Edgar Heim, Krankheit als Krise und Chance, Stuttgart 1980;
Wolfgang Pfeiffer, Psychologie des kranken Menschen, Kohlhammer Studienbücher Krankenpflege Stuttgart 1986;
Hans-Chr. Piper, Kranksein. Erleben und Lernen, Göttingen 1988[4].

4. Das seelsorgerliche Gespräch in der Krankenpflege

4.1 Vorbemerkung: Gespräch der pflegenden Hände

Es ist vielleicht unnötig zu sagen, ich möchte es dennoch erwähnen: Im krankenpflegerischen Umgang mit Patienten ist immer schon ein seelsorgerliches Element enthalten. In der Art, wie Pfleger und Schwestern täglich reden und arbeiten, kommt seelsorgerliche Einstellung und Hilfe immer neu zum Tragen. Es wird wohl verchieden gespritzt, eingerieben, zur Toilette begleitet, verbunden und gefüttert; man darf aber davon ausgehen: in den meisten Fällen steckt darin Liebe und Fürsorge für die kranken Menschen. Denn dies ist sicher eine Tatsache: Pflegende Hände können die Tiefenschicht der Seele genauso erreichen wie einfühlende Gespräche. Pflegende Hände, die ihre Arbeit zartfühlend, rücksichtsvoll und einfühlsam tun, sprechen ohne Worte und werden vom Patienten sehr gut verstanden. Pflege mit den Händen ist nie nur etwas Körperhaftes, sondern ein Geschenk, mit Kopf und Herz gegeben, dessen Zartheit den Kranken ebenso ganzheitlich erreicht. Patienten spüren es gerade daran, wie die Pflegepersonen ihre Handlungen ausführen, ob sie ihnen vertrauen können. *›In guten Händen‹* möchte jedermann sein, wo immer er sich hinbegibt. Dieses Bild ist eine Erinnerung daran, daß Menschen, vor allem in Kindheit und Krankheit, auf Hände und auf Güte angewiesen sind. Vielleicht kann niemand Kranke mit derselben Liebe und Fürsorge behandeln, die er den eigenen Kindern zuwendet. Aber jeder kann versuchen, die Patienten so pfleglich, freundlich und geduldig zu betreuen, wie es seine Zeit und Kraft erlaubt. Solche Pflege ist eine Brücke zur Seele, wird als seelsorgerlich empfunden und ermöglicht es den Patienten, sich den Pflegenden auch mit ihren Sorgen und Ängsten anzuvertrauen.

4.2 Innere Voraussetzungen für das seelsorgerliche Gespräch

Sich vom Krankheitsschicksal betreffen lassen

Wer sich mit seelsorgerlicher Pflege beschäftigt, sollte zunächst folgende Fragen bedenken; ihre klärende Beantwortung ist eine wesentliche Voraussetzung für das Gelingen von Seelsorge:

– Bringe ich Bereitschaft mit, mich auf Gespräche über das Krankheitsschicksal eines Menschen einzulassen?
– Ist es mein Wunsch, auch über das pflegerische Normalmaß hinaus, Kontakte mit den Patienten zu haben, wenn ich spüre, daß diese danach verlangen?
– Kenne ich meine Fähigkeit, nicht nur Körperliches wahrzunehmen, sondern auch Seelisches?
– Bin ich zum Fühlen von fremden Gefühlen begabt, und habe ich Geschick beim Aufgreifen und Verbalisieren von fremden Gefühlszuständen?
– Kann und will ich mich gefühlsmäßig betreffen lassen, auch wenn das dann heißt, Schweres mitauszuhalten?
– Und bin ich bereit, Zeit und Kraft dafür zu investieren, Leid gemeinsam mit den Patienten zu tragen und zu verarbeiten?

Mechanismen kennenlernen, mit denen wir uns Schweres »vom Leib« halten können.

Läßt man einmal den allgemeinen Zeitmangel in der Krankenpflege außer Acht, kann man noch einen ganz anderen, besonderen Zeitmangel feststellen, der dadurch entsteht, daß Ärzte und Schwestern dem Krankheitsleid der Patienten oft durch eine Art Trick aus dem Weg gehen: Sie ergreifen viele und eilige Aktionen da, wo es emotional schwer wird, und es manchmal angebrachter wäre, tatenlos stehenzubleiben und ohnmächtig standzuhalten. Sie rennen und organisieren rasche Abhilfe, wie es ihre Pflicht ist, aber sie lassen sich zu wenig Zeit, um betroffen über den Sinn des Geschehens und ihres eigenen Tuns nachzudenken. Vor Augen steht uns hier gleich die Intensivstation, die bekanntlich der Ort größter Hilfe, aber auch ein Ort schrecklicher, durch die Technik ermöglichter Leidensverlängerung ist. Man braucht aber nicht bis zur Intensivstation zu gehen, zu diesem immer wieder angesprochenen Beispiel einer fast dämonischen Todesverleugnung in unserer modernen Gesellschaft. Es genügt hier auch ein kleiner Blick auf die Medikamententabletts der Nachtschwestern auf den Normalstationen. Nirgendwo werden so prompt und diskussionslos Schlafmittel verteilt, wie allabendlich in unseren Krankenhäusern. Welchen Diskussionen bzw. Seelsorgegesprächen geht man manchmal mit der Vergabe von beruhigenden Pillen aus dem Wege?
Unsere Zeit und unsere Zivilisation sind geprägt von einem unheimlichen *Mach-Geist,* der alle Probleme – oder fast alle – technisch, chemisch oder maschinell überwinden oder lösen möchte. Dieser Geist macht das Krankenhaus zu einem Heil- und Reparaturbetrieb, in welchem dauernd Höchstleistungen vollbracht werden. Auch 100jährige können noch operiert werden, – auf 167.000 Narkosen nur noch ein Todesfall! Was für reiche Möglichkeiten, sich immer weniger mit dem subjektiven Krankheitserleben der Patienten auseinandersetzen zu müssen! Zwischen sich selbst und die Patienten kann man die Apparate setzen, die Maßnahmen, die Untersuchungen, die Röntgenbilder, die Medikamente und alle anderen Aktionen! Diese werden zwar selbstverständlich erwartet, sie stellen aber doch nicht in allen Fällen die wirklich angebrachte und einzige Antwort auf die

Bedürfnisse der Menschen dar. Wenn man im Krankenzimmer die Gespräche der Ärzte miterlebt, dann hört man sie meistens von ihren Maßnahmen sprechen. Weil es 1001 mögliche Maßnahmen gibt, kann der Arzt gar nicht anders: Er muß als Handelnder auftreten, wenn er auf zeitgemäße Weise helfen will, und er kommt fast nie an ein Ende seiner Möglichkeiten. Dennoch ist das Aktivwerden immer auch ein Mittel, sich vor eigener Betroffenheit zu schützen und die Ängste und Schmerzen eines anderen »am eigenen Leibe« nicht spüren zu müssen. Das eilige, hastige Handeln hat also diese beiden Seiten: es ist die notwendige Form der Rettung und Hilfeleistung, gleichzeitig kann es als Fluchtbewegung gesehen werden vor der Ohnmacht, dem Nichts-machen-Können und vor dem Grauen über Vergänglichkeit und Endlichkeit des Menschen.
Der »Spiegel« berichtete 1989* über den ersten psychosozialen Krebskongress in Heidelberg. Von einer Schwester aus Köln heißt es, sie sei mit den Ärzten ins Gericht gegangen, die sich der Konfrontation mit der Psyche der Patienten nicht stellen wollen:

»Die Morgenkonferenzen auf ihrer Kölner Station, bei der nicht nur die Untersuchungsbefunde der Patienten, sondern auch deren psychische Verfassung besprochen werden könnte, scheiterten oft am Desinteresse der Mediziner. Am Krankenbett gebärdeten sie sich dagegen als Hoffnungsträger. Die bodenlose Enttäuschung, wenn der Krebs doch wächst, mußten dann die Schwestern ausbaden.« Diese Schwester erzählte in ihrem Referat ein Beispiel: »Bei einer Krebspatientin standen die Ärzte vor der Wahl, entweder nichts mehr zu tun oder gegen den Tumor noch einmal mit einer hochdosierten Chemotherapie vorzugehen. Die von der Krankheit gezeichnete Patientin willigte schweren Herzens ein. Die hochdosierten Zellgifte zerstörten ihre Schleimhäute, sie konnte tagelang weder sprechen noch essen oder trinken. Nur mit Not erholte sie sich und äußerte am Ende der Tortur den Wunsch, nach hause zu gehen und mit ihrem Mann eine Reise zu machen. Doch der Termin für die nächste Chemotherapie stand an. Obwohl sich auf der Station Widerstand regte, beharrten die Mediziner auf der starren Einhaltung des Behandlungsschemas. Die Patientin, so argumentierten sie, habe es so gewünscht. Sie überstand die Strapazen nicht noch einmal, erblindete und starb. ›Wie oft‹, so die Klage der Schwester, würden Patienten Chemotherapien verabreicht, ›die das gar nicht wollen‹.« Wichtig sei deshalb, so die Schlußfolgerung des Kongresses, »professionelle Hilfe für die Helfer selbst . . . Denn nur Krebsmediziner, die sich auf die Konfrontation mit der aufgewühlten Psyche ihrer Patienten einlassen und die Begegnung nicht delegieren, vermögen die Weichen in der Therapie richtig zu stellen.«

Auch Schwestern und Pfleger können vom Geist des *»Helfens-durch-Machen«* infiziert sein. Sie laufen und bringen und legen an und verbinden und verabreichen und rufen den Arzt und sind im Dienst des Patienten pausenlos im Einsatz. Die Eile und der Zeitmangel können auch hier beidem entspringen: echtem Hilfswillen und objektivem Arbeitsdruck, – aber auch dem Bedürfnis, dem Leid nicht so wehrlos begegnen zu müssen. Es gibt emotionales Leid, das man ›tief im eigenen Leib‹ spüren muß, obwohl es das Leid eines fremden Menschen ist. Und menschlich ist der Wunsch, vor der Stille seelischer Schmerzen weglaufen zu dürfen in geräuschvolle Taten hinein. Patienten müssen sich oft mit

* »Der Spiegel« 48/1989, S. 242–244

schweren Krankheitsschicksalen auseinandersetzen. Man kann das ›übersehen‹, weil es einem zu viel wird, – *oder* man kann versuchen, den Gefühlen des anderen standzuhalten, das Traurige *ohne Gegenmittel* zu akzeptieren und das Leid hilflos eine Weile mitzutragen.
In diesem Buch wird es immer wieder um diese Forderung gehen, die wohl am Anfang aller Gesprächsführungsübungen im Krankenhaus (und auch sonst) steht: Zuerst gilt es, daß ich den Unterschied lerne zwischen einem Mutmachen, das weiterhilft, und einem Zureden, das über die Schmerzen des andern hinweggeht. Und daß ich die Mechanismen überwinde, mit deren Hilfe ich mich dem Schweren, das auf Menschen lastet, und das mich mitbelasten könnte, entziehe.

4.3 Beziehungsmuster im Seelsorgegespräch

Gespräche zwischen Menschen sind von ganz verschiedenen Beziehungsmustern geprägt, je nachdem, in welcher Stellung die Betroffenen sich zueinander befinden. Die Beziehungsgestalt der Gespräche im Krankenhaus ist abhängig davon, was für ein Selbstverständnis die gesprächsführende Person hat:
Mutter-Kind-Beziehung: Die Schwester tröstet, beruhigt, beschwichtigt, muntert auf, gibt Rat, führt an der Hand, weiß, was für den Patienten gut ist, schützt und bemuttert. Wie häufig mag es diese Beziehungsgestalt geben, nicht nur bei der Pflege, sondern auch beim Seelsorgegespräch?
Aufsichtsperson – Untergebener: Früher, als es im Krankenhaus noch leicht militärisch zuging, und die Patienten vor dem Chefartzt beinahe salutieren mußten, da war die Schwester Stationsleiterin auch manchmal eine Art Aufsichtsperson, die selbst den Patienten gegenüber Strenge an den Tag legte. Sie mußten alles nach Vorschrift ausführen und sich so verhalten, wie es verlangt war. Wie mag ein Seesorgegespräch in diesen Zeiten ausgesehen haben? Gottseidank ist die Zeit der herrischen Schwestern und der bestimmend-direktiven Gesprächsführung vorüber!
Engel der Barmherzigkeit – hilfloser Kranker: Eine andere schwierige Beziehungsgesalt! Die selbstlos dienende, sich aufopfernde und eigene Bedürfnisse stets hintenanstellende Person mit der sanften Stimme und auf der anderen Seite der leidende Patient. Die Helferin/der Helfer, die (der) ganz für den Patienten da ist, ihn mit Liebe umgibt und sich selbst immer möglichst unsichtbar macht, – und ihnen gegenüber das Objekt aller Hingabe, der arme Kranke! Schwierig, weil solche Pfleger und Schwestern oft eine zu bescheidende Sicht von ihrer eigenen Wichtigkeit haben und ihren Lohn nur darin sehen, anderen Menschen beizustehen. Ist es für die Patienten nicht wertvoll, ein starkes Gegenüber zu haben, dessen Eigenwert nicht so ausschließlich durch Dienen hergestellt wird? Sowohl die ›Oberschicht-Heroine‹ à la *Florence Nithingale* von anno dazumal, die sich weit zu den Kranken herabneigte, als auch das bescheidene Menschenwesen von heute, das sich dienend unter die Kranken stellt und diese quasi bittet, ihnen helfen zu dürfen, sind für das seelsorgerliche Gespräch nicht die

geeignetsten Partner. Die beste Beziehungsebene ist die von zwei gleichgestellten Menschen.

Betreuer – Pflegling: Auch in diesem Modell entsteht ein ungutes Gefälle zwischen Subjekt und Objekt der Betreuung. Der Patient ist dann der, an dem – auch im Seelsorgegespräch – etwas ›gemacht‹ wird, das seinem Wohlbefinden dient. Seelsorge wäre dann eine herablassende Zuwendung eines Stärkeren zu einem Schwächeren. Krankenschwestern und Pfleger sind vielleicht Körperexperten, aber keine Trostfachleute. Letzteres gibt es gar nicht, – darum kann Seelsorge nur Erfolg haben in dieser Beziehungsgestalt:

Mensch – Mitmensch: Die mitfühlende Beziehung zweier Menschenbrüder oder -Schwestern schließt jede Art von ›Behandlung‹ oder auch ›Betreuung‹ aus. Gebraucht wird im Krankenhaus vielmehr die Fähigkeit, daß die Schwestern und Pfleger sich solidarisch neben die Patienten stellen und diese begleiten können. Die Kranken wollen sich verstanden und ernstgenommen fühlen, akzeptiert und geborgen. Und begleiten bedeutet dann: einfühlsam und respektvoll ›neben dem Patienten hergehen‹, auch wenn er durch belastende, negative Gefühlserlebnisse hindurchgehen muß. Das Modell ›Begleiten‹ ist eine heute allgemein anerkannte Beziehungsgestalt der Seelsorge, ob sie nun durch berufliche Seelsorger ausgeübt wird, durch Angehörige der helfenden Berufe oder durch ›Laien‹-Mitmenschen. In der Seelsorge gibt es ja in Wirklichkeit nur Laien, deren Kunst in nichts als ihrer Mitmenschlichkeit besteht, und deren Kraft es ist, fremdem Leid nicht auszuweichen, sondern es mitzutragen.

4.4 Haltungen und Enthaltungen im Seelsorgegespräch

– Haltungen

Unter »Haltung« versteht man im Zusammenhang der Gesprächsführung eine innere und äußere Einstellung auf den Gesprächspartner hin, die eng mit dem Beziehungsmodell zu tun hat, das man für die eigenen Gespräche gewählt hat, und die sowohl in der Körperhaltung als auch in der Form der seelischen Zuwendung und im ganzen Gesprächsverhalten zum Ausdruck kommt. Der berühmte Psychologe *Carl Rogers* hat für das helfende Gespräch maßgebliche »Basis-Haltungen« herausgearbeitet, die überall in der Welt akzeptiert wurden: *»Unbedingte positive Hinwendung«*, *»bedingungslose Annahme«* und *»Echtheit des Seelsorgers«*. Vom Beziehungsmodell der liebevollen Begeleitung ausgehend, möchte ich noch folgende Haltungen hinzufügen:

Haltung des Sich-Anbietens für die Begleitung
Haltung der Zugewandtheit und Sympathie
Haltung der Aufmerksamkeit und Gegenwärtigkeit
Haltung der Solidarität und Teilnahme
Haltung der Bereitschaft und Geduld
Haltung des Bergens und Stützens
Haltung der Unaufdringlichkeit und des Respekts
Haltung des Machtverzichts und der Bescheidenheit

Haltung der Echtheit und Schlichtheit
Haltung der Offenheit für die tieferen Bewegungen in der Seele der Patienten.
Haltung des Zeit und Raum Gewährens und des sich selbst Zeit und Raum Nehmens

Als Bestandteil solcher Haltungen erscheint mir wichtig die Wahrung eines gewissen Abstands zwischen uns und den Patienten, die dazu dient, besser hinsehen zu können, und die Forderung nach etwas Ruhe und Zeit, um besser fühlen zu können. Wer sich abstandslos zuwendet, kann den andern oft nicht richtig wahrnehmen (s. den Abschnitt 4.5) und mißversteht seine Bedürfnisse. Wer sich nicht Zeit läßt, um zu fühlen, was ist, der läuft Gefahr, mit schnellen Reaktionen an der Lage des Patienten vorbeizutreffen. Während Hände oft schnell etwas tun können, braucht das Herz meist Zeit und Raum, um sich auf ein anderes einzustellen. Darum ist der gute Partner der Zuwendung, die sich dem andern entgegenneigt, eine Selbstzurücknahme, die sich distanziert, um besser auffassen und dann auch kompetenter begleiten zu können.

– Enthaltungen

Wer das Folgende liest, wird sich vielleicht fragen: Ist die Seelsorge im Krankenhaus zu gar nichts nutze, faul und bequem? Obwohl es allem zu widersprechen scheint, was man sich unter ›helfendem Gespräch‹ vorstellen mag, und natürlich auch allem, was sonst im Krankenhaus als wichtig und richtig gilt, meine ich es ernst mit den folgenden zehn Negativ-Positionen: Die Schwester/der Pfleger soll im Seelsorgegespräch . . .

- nichts wissen
- nichts verstehen
- nichts wollen
- nichts machen
- nichts bezwecken
- nichts verändern
- nichts raten
- nichts lehren
- nichts helfen
- nichts heilen.

Wie ist das gemeint? Eine der großen Gefahren der helfenden Partnerschaft ist die Meinung, man hätte schon verstanden oder sei dem andern innerlich ganz nahe. In Wirklichkeit ist Verstehen etwas sehr Schwieriges, wofür man Zeit zur Einfühlung in die komplexe, vielschichtige Lage eines andern Menschen benötigt. Je mehr wir Menschen kennenlernen, umso mehr wird uns auch klar: Wir können nur wenig über sie wissen und auch nur selten für sie etwas ändern. Wir müssen nicht überall helfen und können nur wenig heilen. Unsere Wünsche gehen zwar dahin, dem andern beizustehen, indem wir seine Probleme lösen (dann ist die Sache ja auch für uns selbst zur Befriedigung erledigt). Es zeigt sich aber gerade in der Seelsorge, daß wir selten raten können und schon gar nicht lenken sollen. Es ist schon viel, wenn wir den andern mit Mitgefühl begleiten. Oft ist solche ›inaktive‹ Begleitung anstrengender als eine Hilfstat. Das Weiterhelfende steckt aber gerade in der Enthaltung von Hilfe, weil es vorkommt, daß der andere dadurch stark wird, sich selbst zu helfen. Es gibt sicher Situationen, in denen mehr verlangt ist als die hier beschriebene Zurückhaltung. In der Mehrheit der Fälle ist aber eine Begleitung, die nichts erreichen oder vermitteln will, nirgendwohin führen und keine Einstellung ändern will, das Geheimnis der Seelsorge, ihre in solcher Schwachheit enthaltene Kraft.

4.5 Die Aufgabe der Wahrnehmung

Jeder Kontakt mit Patienten ermöglicht eine Fülle von Wahrnehmungen. Wahrnehmungen strömen uns ununterbrochen zu. Wir nehmen sie spontan mit allen Sinnen auf oder gewinnen sie durch gezielte, aufmerksame Auswertung von Beobachtungen. Wahnehmungen sind eine natürliche Sache, – nicht selbstverständlich aber ist die Umsetzung der Wahrnehmungen in Erkenntnis. So bleibt manches, das wir wahrnehmen, vielleicht ungeklärt, unverstanden, nicht eingeordnet, dadurch letztlich unverwertet. Wahrnehmung ist eine Kunst, die Schwestern und Pfleger von Jahr zu Jahr üben und vertiefen können, um ihren Patienten pflegerisch und seelsorglich noch besser gerecht zu werden. Die wichtigsten Wahrnehmungen werden beim Gespräch am Krankenbett gewonnen und dann auch für Seelsorge und Pflege unmittelbar fruchtbar. Neben den Wahrnehmungen über die körperliche Befindlichkeit gibt es – eng damit zusammenhängend – die Wahrnehmungen der seelischen Gestimmtheit. Worauf kann man im Zusammenhang des Gefühlsausdrucks alles achten?

– **Atmosphäre:** Jeden Patienten umgibt eine Gesamtausstrahlung, die etwas von seiner Gestimmtheit erkennen läßt. Wir können lernen, diese noch bewußter in uns aufzunehmen.

– **Gesicht:** Wir sehen es meist als erstes und nehmen wahr, ob das Gesicht entspannt ist oder spannungsvoll, heiter oder ernst, zufrieden oder bedrückt usw.

– **Stimme:** Ihr Ton und Klang ist ein besonders aufschlußgebender Träger der seelischen Gestimmtheit. Ist die Stimme schwach oder stark, tonlos oder betonungsreich, traurig oder fröhlich?

– **Rede:** Zu unterscheiden von der Stimme ist der Fluß der Sprache: ist der Partient schweigsam oder wortreich, spricht er klar oder unklar, direkt oder indirekt?

– **Worte:** Am meisten achten wir natürlich auf den Inhalt dessen, was der Patient sagt. Mit Worten spricht er am deutlichsten aus, wie es ihm geht, was er fühlt, was er braucht. Es kann aber auch darauf geachtet werden, was er n i c h t sagt und vielleicht verbirgt.

– **Körpersprache:** Man sagt, sie könne im Gegensatz zum Mund nie ›lügen‹, würde also immer ›verraten‹, was der Patient vielleicht nicht sagen kann. Angst und Spannungszustände kommen z.B. am meisten in der unruhigen Bewegung der Beine, Füße und Zehen zum Ausdruck (sie wollen ›weglaufen‹).

– **Beziehung:** Wendet der Patient sich zu oder ab? Vermeidet er den Augenkontakt oder sucht er ihn? Will er sich mitteilen oder ist er verschlossen? Signalisiert

er den Wunsch nach mehr Beziehung oder möchte er lieber mit jemand anderem reden?
Wahrnehmungen können gesammelt, begriffen, gespeichert, ausgewertet und in Handlung umgesetzt werden. Teamgespräche über Wahrnehmungen im Lauf einer Schicht sammeln viele Einzelbeoachtungen zu einem Gesamtbild, das allen Mitarbeitern weiterhilft. Für die Seelsorge ist das aufmerksame Wahrnehmen von großer Bedeutung. Wenn man viel sieht, spürt, aufnimmt und richtig einordnen kann, kann man Fehler vermeiden und den Patienten in Verstehensnähe begleiten. Im Gespräch soll man z.B. immer wieder ausdrücken, was man von einem Patienten her fühlt und wahrnimmt. Nachdem man das getan hat, kann der Patient selber meistens besser, leichter und genauer sagen, wie es ihm geht. Manchmal sind sie von sich aus dazu nicht in der Lage und erleben es als seelsorgerliche Hilfe, wenn sie durch unsere Wahnehmung und Artikulation dazu befähigt werden.

4.6 Regeln der Gesprächsführung

Was hier nun zu sagen ist, ergibt sich fast wie von selbst aus der Beziehungsgestalt für die Seelsorge, die wir für die einzig angemessene halten: Begleiten, – und aus den Enthaltungsregeln, die im vierten Abschnitt genannt wurden.
Weil hilfreiche und nichthilfreiche Verhaltensformen in vielen Büchern der Gesprächsführung beschrieben werden, genügt es hier auch, das Wichtigste kurz zusammenzufassen:
Hilfreiche Verhaltensformen mit Beispielen aus dem Krankenhausalltag sind:
– **Annehmen:** »Das ist wirklich ärgerlich für Sie, was hier im Zimmer passiert ist!«
– **Sich selbst anbieten:**: »Ja, sprechen Sie nur, ich setze mich einen Moment zu Ihnen!«
– **Offen sein,** einladend für das Gespräch: „Vielleicht tut es Ihnen gut, einmal alles zu sagen, was Sie jetzt belastet!«
– **Aufmuntern, weiterführen:** »Jetzt ist es fast zu schwer für Sie, weiterzusprechen, lassen Sie sich Zeit!«
– **Äußere Beobachtungen aussprechen:** »Ich sehe Ihnen an, daß Sie heute Nacht kaum geschlafen haben.«
– **Helfen, ein Gefühl auszusprechen:** »Ist es mehr die Angst um Ihr Leben, oder machen Sie sich Sorgen um die Zukunft Ihrer Kinder?«
– **Das enthaltene Gefühl in Worte fassen:** »Ich spüre, daß Sie sehr verzweifelt sind«.
– **Gehörtes widerspiegeln, wiederholen, was wichtig war:** »Schon zehnmal operiert, sagen Sie, wirklich zehnmal, – das muß ja an die Grenze der Kraft gehen!»
– **Fragen stellen, um Klärung bitten:** »Das habe ich nicht richtig verstanden; können Sie noch einmal sagen, was Sie meinen?«

– **Schweigen benützen:** Manchmal etwas stehen lassen, was der andere sagt, oder ihm Zeit geben, sich zu fassen, bis er weiterreden kann.
– **Dem andern helfen, den Kern seines Problems ausdrücken zu können:** »Wenn ich es richtig verstanden habe, ist Ihre größte Not jetzt die...«.

Nicht hilfreiche Verhaltensformen mit Beispielen aus dem Krankenhausalltag und einem möglichen Alternativvorschlag wären:
– **Verallgemeinern:** »Sie sind nicht der Einzige, der damit fertigwerden muß!« – *Alternativ-Beispiel* (verstehend): »Wenn man sowas noch nie mitgemacht hat, kann es einen schon schrecken!«
– **Belehren:** »Wenn Sie sich so anstellen, dann kann das alles nichts werden!« – *Alternativ-Beispiel* (informierend): »Darf ich Ihnen die ganze Untersuchung noch einmal erklären?«
– **Verharmlosen:** »Das wird schon wieder beser werden, jeder hat halt mal so ein Tief!« – *Alternativ-Beispiel* (tröstend): »Heute haben Sie wirklich einen ganz schweren Tag; ich setze mich ein bißchen zu Ihnen; zu zweit trägt sich's wohl besser.«
– **Bewerten:** »Tränen nützen jetzt auch nichts; andere Patienten werden mit sowas viel besser fertig!« *Alternativ-Vorschlag* (helfend): »Wir machen jetzt eine kleine Pause, in der Sie sich erholen können. Vielleicht dürfen wir es in eienr halben Stunde wieder probieren? Ist das gut?«
– **Ratschlag geben:** »Warum gehen Sie nicht in ein Altersheim?!« *Alternativ-Vorschlag* (spiegelnd und schweigend): »Wie soll es weitergehen? Nicht wahr, das ist ein großes Problem für Sie, und es fällt Ihnen nicht leicht, sich jetzt zu entscheiden."
– **Moralisieren:** »An dem Unfall sind Sie schließlch selber schuld!« – *Alternativ-Vorschlag* (respektierend): »Was da passiert ist, das ist eine große Belastung für einen Menschen, körperlich und seelisch. Da möchte man schier verzweifeln, nicht wahr?!«
– **Nachforschen:** »Erzählen Sie mir Ihre ganze Geschichte! Wie hat alles angefangen?« – *Alternativ-Vorschlag* (fragend): »Können Sie vielleicht noch einmal sagen, wie das alles gekommen ist?«
– **Zurückweisen:** »Das wollen wir hier gar nicht diskutieren. Gesund werden sollen Sie und sonst gar nichts!« – *Alternativ-Vorschlag* (annehmend): »Sie fragen sich, wie Ihre Chancen sind, und ob Sie überhaupt wieder gesundwerden können."
– **Dem Gefühl widersprechen:** Patient: »Ich bin gar nichts mehr!« Schwester: »Natürlich sind Sie noch etwas!« – *Alternativ-Vorschlag* (das Wichtige wiederholend, sich anbietend): »Heute sind Sie so deprimiert! Ich bleibe ein bißchen bei Ihnen, damit Sie sprechen und sagen können, wie's Ihnen ums Herz ist.«
– **Stereotype Sprüche machen:** »Kopf hoch! Kommt Regen, kommt Sonnenschein!« – *Alternativ-Vorschlag* (begleitend): »Ich glaube, ich kann ein bißchen nachfühlen, wie es Ihnen geht, heute am dritten Tag nach der Operation!«

– **Von etwas ganz anderem reden:** *Patient:* »Ich möchte sterben!« *Schwester:* »Schauen Sie, wie schön die Sonne heute scheint!« – *Alternativ-Vorschlag* (sich einfühlend): »Es ist alles zu viel. Sie können nicht mehr. So ein Leben wollen Sie nicht weiterführen.«

Es ist klar, daß niemand sich bei solchen Gesprächsführungsfehlern wiederfinden möchte. Jeder, der die Beispiele liest, sagt: So etwas kommt bei mir bestimmt nicht vor! Wir müssen uns aber bewußt machen, daß nicht nur autoritäre, fühllose Pflegepersonen mit Patienten so sprechen können, sondern wir alle zuweilen, und zwar allermeist dann, wenn wir uns ein negatives Gefühl des Patienten vom Leibe halten wollen. Im Dienst des Bedürfnisses, nicht mitbetroffen zu werden, auf etwas Schweres nicht eingehen zu müssen, eine unangenehme Frage zu umschiffen oder den Patienten abzulenken, weil uns seine Worte hilflos machen, benützen wir alle täglich diese seelsorgerlich »verbotenen« Mittel: Verallgemeinern, bagatellisieren, vertrösten, zurückweisen usw. Ich nannte oben die ›eiligen Handlungen‹ als Mittel, etwas zwischen die Not des andern und sich selbst zu kriegen. Genauso kann man hier die *›eiligen Worte‹* nennen, wie sie im Krankenhaus täglich fallen. Auch das kurze, sachliche, rein tätigkeitsbezogene Verweilen am Krankenbett kann dieser Abwehr des Unangenehmen dienen. Als Seelsorger erlebt man allzuselten längere Gespräche zwischen Patienten und Seelsorgepersonal. Wozu diese Aufteilung der Zuständigkeitsbereiche? Ist der körperbezogene Pflegedienst schon hart genug, reicht die Kraft nicht mehr zum Gespräch, das sich auf die Gefühle der Patienten konzentriert? Oder weicht man dem Unangenehmen dadurch aus, daß man sich nicht auf Empfang einstellt, sondern auf Arbeit, wenn man am Bett etwas zu tun hat?

Weitere Hinweise

– **Aktiv Zuhören und Verstehen:**

Gesprächsführung im Sinn von Begleitung eines andern bei seinem Sprechen meint vor allem dies: Mit wachem Herzen und Ohr mit dem mitgehen, was der andere sagt, und dabei zunächst nichts weiter wollen als verstehen, was der Gesprächspartner wirklich meint. Dieses Verstehen ist ein Aufnehmen mit der Kraft der Einfühlung, kein Kapieren mit dem Verstand. Ausgeschlossen ist dabei alles, was der Verstand normalerweise so gern macht: urteilen, diagnostizieren, erklären usw. Eingeschlossen aber ist darin das Bemühen, die Regungen und Bewegungen im Innern eines andern Menschen so aufzunehmen, daß dieser dankbar zu sich sagen kann: Hier ist jemand, der mich versteht. Im Allgemeinen wirkt aktives Zuhören, in diesem Sinn ausgeübt, auch therapeutisch. Denn es ist eine unsagbar wertvolle Hilfe für einen Menschen, wenn ihm jemand hilft, das auszusprechen, was er auf dem Herzen hat. Durch solches Aussprechen wandelt sich manches Schwere oder Ungewisse in uns, es verliert seinen belastenden Charakter oder wird geklärt, ohne daß man uns einen Rat oder eine Hilfe gegeben hätte.

– Das auswahlweise Aufgreifen von Gefühlen

Eine der wichtigsten Gesprächsregeln ist die, daß wir dem andern nicht Inhalte, sondern die Gefühle widerspiegeln, welche seine Redeinhalte begleiten (denn nur so ereignet sich seelsorgerliches Verstehen, und nur dadurch wird der andere befähigt, seine Gefühle und Gedanken fließen zu lassen). Aber wir kommen mit dieser Regel in Schwierigkeiten, sobald unser Gesprächspartner länger redet und dabei ganz verschiedene Gefühle zum Ausdruck bringt. Was sollen wir aufnehmen und dem andern zurückgeben? Eine Hilfe hierbei ist, daß wir dasjenige Gefühl des Patienten (samt dazugehörigem Erleben oder Bedenken) aufgreifen, das uns dominant erscheint, oder – wenn es sich um eine widersprüchliche Gefühlslage handelt – das Einerseits-Gefühl und auch das auf der anderen Seite. Beispiel: »Ich spüre, daß Sie große Not haben, sich für das Altersheim zu entscheiden; aber gleichzeitig meinen Sie auch, von der Vernunft her, sei es das Beste.«

– Wie soll man Fragen stellen?

Es gibt eine wichtige Funktion des Fragens: Sich Information geben zu lassen, damit man einen Zusammenhang besser versteht. Fragen dieser Art können aber auch einer Neugier entspringen, die mehr wissen will, als für einen bestimmten Gesprächszusammenhang nötig ist. Hinter allen unseren Fragen soll der Gesprächspartner heraushören können, warum wir sie stellen, und wie sie in den Prozeß des seelsorgerlichen Verstehens integriert sind. Fragen von unserer Seite können auch einen ungut suggestiven Charakter haben: »Warum nehmen Sie sich keine Haushaltshilfe?« »Warum machen Sie es nicht wie Frau X und sagen einfach Ja zu den Vorschlägen des Arztes?« Hinter solchen Fragen steht eigentlich eine Aufforderung oder ein besserwissendes Erklären. In der Seelsorge gehen wir aber davon aus, daß der andere schon weiß, wie er es einmal machen wird. Die sogenannten W-Fragen (was? wo? warum?) sind gut, aber hauptsächlich dann, wenn sie offen gestellt sind: »Was meinen Sie damit, ich verstehe nicht recht«; »Wo schmerzt es Sie im Moment am meisten?«; »Warum sagen Sie das, – ist es deswegen, weil . . .?«

– Mit dem Schweigen umgehen lernen

Schweigen kann furchtbar belastend sein. Warum sagt denn nicht endlich jemand etwas?, denken wir manchmal in einer heiklen Gesprächssituation. Schweigen kann aber auch unheimlich wohltuend sein, z. B. in einer Situation, wo alle Worte zu viel sind oder nur weh tun, oder in einer Situation, wo jemand Zeit braucht, um sich zu beruhigen und selbst weitersprechen zu können. Schweigen ist oft die Kunst des Seelsorge Schenkenden, dem andern einen geschützten Raum zu geben, in dem er ganz bei sich sein darf. Man soll lernen, Schweigen auszuhalten, Unsagbares unbenannt zu lassen, immer wieder beredte Pausen zu machen, in denen die Seele Luft holen kann, und ohne Worte zu sprechen, wenn Worte weniger sind als stille Gesten. In diesem Verhalten äußert man, daß man verstanden hat, was Seelsorge ist: Keine Zuwendung zu Gedanken oder Meinungen, sondern zu Gefühlen.

4.7 Innere Bewegung beim teilnehmenden Gespräch:

Hier stehen zunächst reflexive Verben, die zum Ausdruck bringen, daß man in der Seelsorge mit der eigenen Person konzentriert dabei und seelisch ganz engagiert ist. Seelsorgerliche Zuwendung ist deshalb nichts Faules, sondern *Arbeit*, die die eigene Menschlichkeit stark beansprucht:
- sich annähern und sich hinwenden,
- sich einlassen und einstellen auf,
- sich versetzen und identifizieren,
- sich betreffen lassen und sich nicht entziehen,
- sich selbst fühlen und sich damit dem andern fühlbar machen.

Die innere Bewegung der teilnehmenden Seelsorge wird sodann mit Begriffen verdeutlicht, die das *Einbezogensein von Körper und Seele* symbolisch-bildlich aufzeigen:
- Dasein, Dabeisein (physisch-körperliche Anwesenheit)
- Mitleben, Ein-Teil-Sein von (soziale Präsenz und Beteiligung)
- Beachten, Suchen, Schauen nach (Suchbewegung der Augen)
- Ansehen, Hinsehen, Erkennen (Sehbewegung der Seele)
- Sich Kümmern, Zuhören, Interesse haben (Betätigung des Ohrs)
- Teilnehmen, Mitfühlen, Lieben (Bewegung des Herzens)
- Sich Darreichen, Sich Hinhalten, Aushalten (Beteiligung der Hände)
- Auf-sich-Nehmen, Ertragen, Mittragen (der Arme und Schultern der Seele)
- Bleiben, Beistehen, Durchstehen (Einsatz der Füße des Seelsorge Schenkenden)
- Mitgehen, Begleiten, Hindurchleiten (Bewegung der Beine seiner Seele).

Gefühl heißt lateinisch Emotion (= ›Bewegung aus sich heraus‹), und daran kann man erkennen, daß Gefühle also unsere seelische Motilität bzw. Mobilität darstellen. Im Krankenhaus gibt es sicher noch mehr Emotionen als draußen, und weil das so ist, ist Seelsorge in der Klinik wohl auch etwas anderes als Seelsorge draußen. Patienten, Menschen, die schwere Gefühle geduldig ertragen müssen, brauchen dabei liebevoll mitfühlende Begleitung, nicht irgendwelche kunstvolle Therapie. Dies Bedürfnis zu erfüllen, erfordert ›technisch‹ nicht viel, menschlich aber eben doch sehr viel. Wenn Kranke sehr leiden oder auf den Tod zugehen, dann ist ihre Begleitung schwerste Arbeit für unsere Emotionen, oft bis zur Grenze der eigenen Kraft.

Ich bin mir freilich bewußt, daß die hier immer wieder geforderte emotionale Zuwendung im Grunde eine Überforderung bedeutet. Kein Pflegender ist so belastbar, daß er das alles täglich in die Praxis umsetzen könnte, was hier an ›Bewegungen‹ mit dem Patienten oder auf ihn zu beschrieben wird. Deshalb ist es gut, nach realistischer Begrenzung und Selbstbeschränkung zu streben. Diesem Gesichtspunkt wendet sich der folgende Abschnitt zu.

4.8 Grenzen der seelsorgerlichen Zuwendung

Emotionen anderer Menschen können uns deshalb »nahe«-gehen, wie wir sagen, weil sie in uns manchmal ganz ähnliche Emotionen auslösen. Menschliche Mitleidsfähigkeit ist, wie das Wort genau ausdrückt, unsere naturgegebene Fähigkeit, das Leid anderer Menschen in uns selbst mitfühlen zu können.
Die Forderung nach einer seelsorgerlichen, teilnehmenden Krankenpflege kann aber nun nicht bedeuten, daß wir uns schutzlos allem Schweren aussetzen sollen, was Kranke in der Klinik durchmachen: allen Schmerzen, Ängsten, Sorgen und Traurigkeiten. Ein natürlicher *Selbstschutz* ist notwendig, damit wir den Patienten überhaupt helfen können. Wer einen Katheter in eine Vene einführen oder ein Kontrastmittel in den Körper einspritzen muß, der braucht ruhige, sachbezogene Konzentration. Wer einem Unfallopfer helfen will, muß handlungsfähig sein, der Schreck oder das Mitgefühl darf ihn nicht schwächen. Wer eine Therapie durchdenkt, muß organbezogen alle Befunde kombinieren; er kann in diesem Moment auf das subjektive Krankheitserleben des betroffenen Menschen keine Rücksicht nehmen. Jeder, der es tagtäglich mit Krankheit und Leid zu tun hat, braucht »Hornhaut« und Abstand, um gesund überleben zu können.
Dann gibt es auch Unterschiede zwischen uns, was die Kraft zur Zuwendung betrifft. Nicht jeder kann die gleiche Nähe zu dem persönlichen Erleben eines Kranken herstellen. Manche von uns brauchen mehr Schutzschicht und *Distanz* als andere, um den Gefühlen der Patienten (die ja dann auch eigene Gefühle werden können), nicht so ausgeliefert zu sein. Jeder muß seine Grenzen kennenlernen und – je nachdem – akzeptieren, daß er vielleicht ein guter Körperhelfer ist, aber kein so einfühlsamer Begleiter. Man hat immer auch ein Recht, sich herauszuhalten. Die pflegerischen Maßnahmen dürfen auch einmal ›routinemäßig‹ geschehen, wenn es uns anders nicht möglich ist. Doch sollte sich niemand von den ihm anvertrauten Personen so weit distanzieren, daß er seinen Beruf als ›Job wie jeden anderen‹ empfindet. Grenzen der seelsorgerlichen Zuwendung sollten auch nicht dadurch erreicht werden, daß jemand plötzlich den Pflegenotstand ausruft, oder daß jemand den Entschluß faßt, nur noch ›nach Vorschrift‹ am Material Mensch zu hantieren, weil die Pflegearbeit unterbezahlt ist.
Solche Grenzen der Zuwendung sind vielmehr zu ziehen im *gesunden Einteilen der eigenen Kräfte* und *im gerechten Aufteilen der Einsatzschwerpunkte* in unseren Teams. Es ist nicht schlimm, wenn wir manchmal nur zwei oder drei von den 30 Patienten aus der Station so begleiten, daß wir sie auch in ihrem seelischen Krankheitserleben einfühlsam betreuen. Wenn wir nur täglich üben, unsere Abwehrmechanismen zu durchschauen und den Patientenbedürfnissen besser standzuhalten! Die Gefahr, daß wir unser subjektives Wohlergehen vor den Patienten zu sehr in Schutz nehmen, ist wahrscheinlich größer als die andere, daß wir uns gleichsam grenzenlos den Emotionen der Patienten zur Verfügung stellen und dann keine Kraft mehr haben, sie sachgemäß zu pflegen.
Darum lautet die Frage: Wie können wir so begleiten, daß wir *den Patienten und uns selbst* am besten gerecht werden?

4.9 Seelsorge als Begleitung

Hier sollen zwei Autoren zu Wort kommen, die sich besonders um das Konzept des Begleitens in der Krankenpflege gemüht haben: *Josef Mayer-Scheu* sucht in dem Buch »Vom Behandeln zum Heilen« nach einer verloren gegangenen Dimension in der Arbeit des Krankenhauses und findet sie im Bild des mitmenschlichen Begleitens. – *Alastair Campbell* entdeckt in »Nächstenliebe mit Maß« im Begleiten auch eine Chance für Pflegekräfte, sich zu schonen, nicht zu verausgaben und doch mitmenschlich hilfreich zu sein.
Josef Mayer-Scheu kämpft darum, für alle therapeutischen Dienste im Krankenhaus eine gemeinsame Sprache und Haltung wiederzugewinnen, die sich an der persönlichen Fürsorge für die Kranken orientiert, und die mehr ist als eine gute klinische Versorgung*.

»Ich möchte dieses 〈*Mehr*〉 *einer gemeinsamen Haltung* aller therapeutischen Dienste ... als ›Begleiten‹ definieren, das sich im Umgang mit den Kranken in vielfältigen Verhaltensweisen äußert... Es unterscheidet sich prinzipiell von der Ebene des ›Machens‹ im Sinn aller durchzuführenden diagnostischen und therapeutischen Maßnahmen und methodischen Hantierungen, die ihre innere Legitimation niemals ohne die Dimension der Begleitung als Haltung gegenüber dem Kranken und seinem Kranksein im Krankenhaus haben.«

Mayer-Scheu erinnert an Jesu Wort**:

›Ich bin krank gewesen, und ihr habt mich besucht‹ und folgert: »Vor dem Behandeln liegt das ›Kranke besuchen‹ im Sinne der Begegnung, auch mit ihrem Leid. *Instrumentenlosigkeit ist der Anfang allen Begleitens.* Deshalb können wir den Verlust dieser Dimension des Heilens umso tiefer erfassen, je mehr wir uns die Abhängigkeit des Therapeuten von seinen Instrumenten als Mittel der Begegnung mit dem Kranken und seinem Leid vor Augen halten.«

Eine wertvolle Erinnerung ist dieses Zurückführen auf den einfachen Krankenbesuch. Auch Pflegende können mit Kranken so sprechen, daß es nicht gleich um die Behandlung und Heilung geht, sondern zunächst einmal um das Erleben der Krankheit. Freilich ist das nicht immer möglich, und es geht auch nur bis zu einer Grenze, die in jedem von uns selber liegt. Das Konzept der Begleitung möchte helfen, daß wir dem fremden Leid gerade nicht schutzlos ausgesetzt sind. In diesem Sinn sagt *Alastair Campbell****:

»Diese Konzeption hat ... einige Vorzüge aufzuweisen...: Sie läßt der Bewegung und Veränderung Raum; sie drückt Wechselseitigkeit aus; sie fordert zwar Hingabe, das aber in definierten Grenzen... Es geht um ein Dabeisein, das einen anderen für eine Weile und Wegstrecke begleitet. Wenn man an Begleitung denkt, kommt einem ja das Bild vom Reisen vor Augen. Zur Begleitung kommt es oft durch ein Zufallstreffen, und Begleitung endet,

* Vom Behandeln und Heilen, Göttingen 1982, S. 82.
** a.a.O. S. 83.
*** Nächstenliebe nach Maß, Göttingen 1986, S. 67–69.

wenn das gemeinsame Ziel, das die Verbindung schuf, nicht mehr aktuell ist. Ein guter Begleiter ist, wer aus freien Stücken teilnimmt, wer sich nicht aufdrängt und dem andern zugestehen kann, seine eigene Reise zu machen... Begleitende sind für eine Weile zusammen, aber sie haben auch ihr je eigenes Leben zu führen. Trennung gehört wesentlich zur Begleitung hinzu. So kann man also in der fachkundigen Pflege, die die Krankenschwester anbietet, eine Verwirklichung von Liebe ausmachen. Fehlt der professionalle Abstand oder ist er in übergroßem Maße da, dann kann diese Liebe verlorengehen. Aber in der sorgsam ausgewogenen Beziehung, wie ich sie als ›Begleitung‹ dargestellt habe, liegt ein ... Geschenk an den andern.«

4.10 Der christliche Hintergrund der seelsorgerlichen Begleitung

Seelsorgerliche Begleitung ist nicht von vornherein und auf jeden Fall etwas Christliches. Sie kann ohne religiöse Motivation geschehen, und oft ist die rein menschlich begründete Bemühung um den Kranken in nichts zu unterscheiden von einer christlich geprägten. Freilich kann die innere Rückbindung (= re-ligio) an ›die Liebe, mit der wir selbst geliebt werden‹, uns beleben und stärken, auf die Kranken mit ebensolcher Liebe zuzugehen. Deshalb hier noch ein Blick auf Urbilder der Liebe in der Bibel: Schon das Lesen kann vielleicht eine seelsorgerliche Begleitung und Ermutigung für uns selbst sein.
Von der *Hirtenliebe* Gottes heißt es bei Jesaja: »Er wird die Lämmer in seinen Arm sammeln und im Bausch seines Gewands tragen.« Jesus, der gute Hirte, will die Schafe begleiten und auf die Weide führen; er kennt sie beim Namen und ruft sie; er gibt sein Leben für die Schafe. Diese Schafe sind wir.
Ein Zeichen der *Hinwendung zu den Beladenen* gibt Jesus mit dem Heilandsruf: ›Kommet her zu mir alle, die ihr mühselig und beladen seid, ich will euch erquicken!‹ Die *Seligpreisung der Leidtragenden* ist Ausdruck der Hoffnung, daß diese Menschen im Reich Gottes nicht verlassen sind. Jesu Werk für die Kranken war nicht nur *Heilung*, sondern auch *Rückintegration in die Gemeinschaft*. Er hat Kranke besucht und berührt, die im Judentum durch ihr Leiden ›unrein‹ und darum ausgesondert waren. Jesus fordert die Menschen auf, sich der Bedürftigen anzunehmen, denn *im geringsten Bruder ist er selbst gegenwärtig (Matth .25)*. Die barmherzige Fürsorge für die Kranken wurde darum auch ein Kennzeichen des Christentums von Anfang an. Jesus legt uns die *Begleitung der Mitchristen* ans Herz, z. B. mit dem Wort: ›Wenn dich einer bittet, eine Meile mit ihm zu gehen, so gehe mit ihm zwei‹ *(Matth. 5)*.
Im Leib Christi gehören alle Menschen zusammen, so sagt Paulus, und hier hat kein Glied einen Vorzug vor dem andern, sondern ›wenn ein Glied leidet, leiden alle Glieder mit‹ *(1. Kor. 12)*. Wer Gott liebt, der wird auch *seinen Bruder lieben (1. Joh. 4). Größer als solche Liebe ist gar nichts, nicht einmal Glaube oder Hoffnung. In der Gemeinde gilt deshalb:* ›Einer trage des andern Last‹ *(Gal. 6)*. Und für den Umgang mit denen, die Liebe besonders brauchen, folgt daraus, daß *Geduld, Langmut und Freundlichkeit* walten sollen *(1. Kor. 13)*. Die Gemeinde wird ermahnt, für die Kranken zu sorgen, sie zu *besuchen und für sie zu beten:*

›und der Herr wird sie dann aufrichten‹ *(Jak. 5)*. Ich glaube, daß die urchristliche Bruderliebe in der damaligen Welt vorbildlich gewirkt hat, und daß sie letztlich dem Christentum zum Durchbruch verholfen hat.
Jeder mag bei sich selbst abschätzen, inwieweit diese Liebe unserer alten Religion auch ihn noch bewegt, und inwieweit die eigene Bemühung um die Kranken vielleicht aus ganz anderen Kraftquellen lebt. Wenn ich aber nach vielen Jahren des Kontakts mit Angehörigen des Krankenpflegeberufs ein Urteil wagen darf, so möchte ich sagen: die Mehrheit derer, die im Krankenhaus arbeiten, sind auch offen für den christlichen Glauben, – oder sie werden es. Denn die Zuwendung zu den Leidenden ist und bleibt ein tief bewegendes Zeichen für die Barmherzigkeit Gottes. Und die Begleitung der Kranken in der Krankenpflege wird von den Patienten sicher oft als ein Symbol der Fürsorge des Guten Hirten erlebt, der die Schafe nährt, schützt, birgt und sicher durch dunkle Täler führt.

Literatur:

Hilde-Dore Abermeth, Gespräche auf der Krankenstation, Göttingen 1982.
Alastair V. Campbell, Nächstenliebe mit Maß. Helferberufe christlich gesehen, Göttingen 1986.
Helmut Harsch, Theorie und Praxis des beratenden Gesprächs, München 1985[6].
Helga Lemke, Theologie und Praxis annehmender Seelsorge, Stuttgart 1978.
Josef Mayer-Scheu/Rudolf Kautzky, Vom Behandeln zum Heilen, Die vergessene Dimension im Krankenhaus, Göttingen 1982[2].
Ida und Hans-Chr. Piper, Schwestern reden mit Patienten – ein Arbeitsbuch für Pflegeberufe im Krankenhaus, Göttingen 1988[5].
Wolfgang Raupp, Besuchsdienst, Konstanz 1988.

5. Lernbeispiele zum seelsorgerlichen Gespräch

Die hier wiedergegebenen Gespräche aus dem Alltag des Krankenhauses sind Gespräche mit Schwerkranken, oft mit vom Tod Bedrohten. Die Schwestern und Pfleger, die diese Gespräche führten, waren dabei mit schwierigen, belastenden Situationen konfrontiert. Sie brauchten viel Kraft, um in einer guten Beziehung zu den Patienten zu bleiben. Die ausgewählten Gesprächskontakte haben in der Regel einen gewissen Vorbildcharakter, – es sind Beispiele geglückter Seelsorge. Sie mögen verdeutlichen, was es heißt: standhalten, mitfühlen, nicht vertrösten, nicht unehrlich Mut machen usw. Im ersten Gespräch stehen Seelsorger und Schwesternschülerin zusammen am Krankenbett, – da kommt es zu einer Spannung und nicht zu einem geglückten Gesprächskontakt. Aber auch dieses Beispiel wird nützlich zu lesen sein, und man kann etwas daraus lernen.

5.1 »Wenn man nicht ißt, wird man nicht gesund«

In diesem Gespräch kommt es zu einer Begegnung zwischen Seelsorger und Krankenpflegeschülerin. Sie treffen am Bett eines Schwerkranken zusammen. Die Begegnung ist spannungsvoll, weil der Seelsorger die Schwester bei der Ausübung ihrer Pflicht behindert. Zu fragen wird sein: war es ein unzulässiger Eingriff in die Kompetenz der Pflegenden?

Der beinamputierte 70jährige Herr H. ist vor drei Tagen aus der Intensivstation gekommen, in die er wegen Herzschwäche mit Herzstillstand eingeliefert worden war. Inzwischen leidet er auch an einer Niereninsuffizienz. Der Patient sitzt aufrecht im Bett, um besser atmen zu können. Vor ihm das Tablett mit dem Frühstück, das noch nicht angerührt ist.

Patient: O Herr Pfarrer, ich bin ganz fertig. Heute haben sie mir schon 10 Spritzen gegeben *(er zeigt mit schwerfälligen Bewegungen, wo überall)*

Seelsorger: Ach, und Sie sind ganz erschöpft und matt, zu schwach, um noch Appetit auf das Frühstück zu haben.

Patient: Ich kann nichts essen. Mein Mund ist innen auch ganz entzündet.

Seelsorger: Ich spüre, daß Sie auch viele Schmerzen haben.

Patient: Ja, mein Rücken, ich kann einfach nicht mehr sitzen. *(Eine Schwester kommt und beginnt, Herrn H. mehrere Tabletten mit etwas Kaffee einzeln einzuflößen. Sie bleiben lange in seinem Mund hängen).*

Patient: Ach, Herr Pfarrer, ich kann nicht mehr. Es ist so gut, daß Sie da sind. Meine Frau kommt auch jeden Tag und betet mit mir. Das ist mein schönster Trost.

Seelsorger: Das Gebet, das gibt Ihnen wieder etwas Kraft! *(Er nimmt die Hand des Patienten)*

Patient: Ich habe auch die letzten Briefe meines Vaters aufbewahrt, wo er am Schluß immer schreibt: Ich schließe euch ein ins Gebet. *(Schwesternschülerin J. kommt, offenbar mit dem Auftrag, Herrn H. mit dem Frühstück zu helfen. Sie geht sehr liebevoll ans Werk, macht kleine Häppchen und schneidet die Rinde vom Brot. Herr H. ißt ein Stückchen und will dann nicht mehr.)*

Schwester J: Herr H., seien Sie doch so lieb, Sie müssen einfach etwas essen. Sie essen bei jeder Mahlzeit fast nichts.

Patient: Es geht nicht, und ich will nicht. Am liebsten möchte ich jetzt alles ablehnen, Essen, Medikamente, Behandlung. Ich bin am Ende.

Schwester J.: Nur noch dies Stück! Sie müssen doch etwas essen, Herr H., wenn Sie gesund werden wollen!

Seelsorger: Müssen tut er doch eigentlich nicht, oder? Sie haben nun doch getan, was Sie konnten.
(Schwester J. ist nicht glücklich über diese Worte. Sie wird ein wenig rot, entweder, weil sie die Worte als Einmischung empfindet, oder weil sie sich doch nicht ganz im Recht fühlt, wenn sie den Patienten zum Essen drängt.)

Patient: Wir kommen eben alle mal dran, auch so schöne junge Menschen wie Sie und so kräftige junge Männer. Jetzt ist eben meine Zeit. Den Weg gehen wir alle.

Schwester J: Darf ich Ihnen noch dies Stückchen geben? Oder die Birne schneiden?

Seelsorger: Sie haben Ihr Äußerstes getan.
(Schwester J. richtet die Birne. Inzwischen kommt eine andere Schwester, mißt die ausgeschiedene Urinmenge und sagt: Sie müssen sehr viel trinken, Herr H.! Beide Schwestern gehen)

Patient: Ich habe zwei sehr gute Kinder, das gibt mir Trost. Aber es fällt mir schwer, meine Frau allein zu lassen. Wir beten zum Heiland. Alles wird wieder gut, wenn wir bei ihm sind.

Selsorger: Ihr Glaube ist groß und tröstet auch mich. Darf ich Ihnen zum Schluß noch einen kurzen Bibeltext vorlesen?

– **Fragen zum Weiterdenken:**
– Wenn man sich in die Lage der Schülerin versetzt, – ist es nicht sehr unangenehm, wie sie von dem Pfarrer kritisiert wird?

– Müßte der Seelsorger sich nicht jeder Einmischung enthalten, wenn es um den von der Station geregelten Behandlungsablauf geht?
– Versetzt man sich aber in die Lage des Patienten, kann man auch für ihn Verständis aufbringen, wenn er das Essen zurückweist?
– Und wie fühlte sich der Seelsorger, der die Szene miterlebte, – kann man vielleicht auch verstehen, daß er die Weigerung des Patienten unterstützte?

– Seelsorgerliche Beurteilung:
Herr H. äußert in diesem Gespräch auf viele verschiedene Weise, daß er bereit ist zu sterben. Der Tod trat zwei Tage nach diesem Gespräch auch ein. Herr H. war ja gerade erst vom ›anderen Ufer‹ noch einmal zurückgeholt worden. Jetzt zeigt die Niereninsuffizienz das nahende Ende untrüglich an. Der Patient kann wirklich nicht mehr, in jeder Beziehung ist seine Kraft erschöpft. Er kann noch sprechen und sich als Glaubender auf seine Heimkehr zu Gott vorbereiten. Er kann aber nicht mehr essen. Und er muß es auch nicht. Auch als geschwächter Mensch hat er noch das Recht, eine Pflege- oder Behandlungsmaßnahme abzulehnen. Aus Mitleid mit dem Patienten kann es der Seelsorger nicht mit ansehen, daß dieser zu etwas gedrängt wird, das ihm nicht mehr guttut. Seine Intervention ist für die Schwester schmerzlich, aber sie lernt daraus vielleicht auch, künftig mit dem ›sonst werden Sie nicht gesund!‹ bei Sterbenskranken zurückhaltender umzugehen. Der Seesorger hat sich entschieden, für den Patienten Partei zu ergreifen, der in diesem Stück die schwächste Position hat, – gegen die Schwester, die sich von der Kränkung eher wieder erholt als der Kranke von den Krumen, die er nicht mehr schlucken kann.
Die Schwesternschülerin sieht ihre Aufgabe: Helfen und heilen. Was sie noch lernen muß: Zulassen, daß die Zeit des Heilens auch einmal vorüber sein wird, weil für jeden Menschen dann das Ende kommt.

– Lernpunkte:
Eines Tages kann man die Kranken nicht mehr mit Essen stärken.
Man muß dann ihr Recht respektieren, das Beste abzulehnen.
Eines Tages brauchen die Menschen Freiheit von allen Behandlungsmaßnahmen und Ruhe von den Versuchen, ihr Leben zu retten.
Eines Tages sollen wir dann nur noch ihre Hand festhalten.

5.2 »...daß ich dort wäre, von wo es keine Rückkehr mehr gibt«

Im folgenden Gespräch äußert ein Patient den Wunsch nach aktiver Sterbehilfe. Wie antwortet die Schwester auf diesen Wunsch? Sicher erlebt sie eine der schwierigsten Gesprächssituationen, die es im Krankenhaus geben kann.

Herr M., ein 60jähriger Patient mit Magen- und Darmkrebs, hält die Nachtschwester beim Verteilen der Medikamente auf.

Patient: Schwester, ich bin so krank. Ich kann es kaum mehr ertragen. Was ich zu durchleiden habe, das ist jetzt einfach zu viel. Und die ärztliche Kunst, die kann mir auch nicht mehr helfen.

Schwester: Ich sehe, wie Sie leiden müssen, und das tut mir auch sehr weh. Sie können kaum mehr laufen und kaum mehr essen, das ist schlimm.

Patient: Und ich werde immer weniger. Wissen Sie, zu Ihnen kann ich es doch sagen: Ich wünschte mir, daß ich dort wäre, von wo es keine Rückkehr mehr gibt.

Schwester: Das sollen Sie doch nicht sagen! Vielleicht gibt es doch noch eine Hilfe, wir wollen doch alles für Sie tun, damit Sie leben!

Patient: Ich kann nicht mehr vorwärts blicken, da ist nichts mehr, was mir Hoffnung macht. Ich bin von allem schon ganz weit weg; es ist mir alles gleichgültig geworden. – Sagen Sie, darf man denn so einen Wunsch haben?

Schwester: Sie meinen, dort zu sein, von wo es keine Rückkehr mehr gibt?

Patient: Ja, eben, darf man das wünschen?

Schwester: Mir tut es weh, wenn Sie das sagen. Aber ich finde, wünschen darf man das schon.

Patient: Wirklich? Oh Schwester, könnten Sie mir dann nicht eine Bitte erfüllen? Sie könnten doch mit dem Arzt sprechen, daß er irgendetwas tut, damit ich ... Sie wissen schon ..., ich bin so schrecklich krank ...

Schwester: Ich verstehe, Sie meinen, ... Ihr Wunsch ist, daß das Leiden ncht verlängert, sondern verkürzt wird, wenn es irgend geht.

Patient: Ja, Ja! Damit es ein Ende hat. Dazu kann er doch helfen. Werden Sie mit dem Arzt sprechen? Werden Sie??

Schwester: Es ist die Pflicht des Arztes, Leben zu erhalten. Er darf nicht einfach das Leiden abkürzen. Aber er darf alles tun, um das Leiden nicht zu verlängern. Er muß und wird vor allem Ihre Schmerzen lindern.

Patient: Können Sie es ihm nicht sagen? Es ist bestimmt keine Sünde. Vielleicht gibt es etwas, eine Spritze oder so. Können Sie das nicht für mich tun?

Schwester: Ich werde es Herrn Doktor X erklären, was Sie mir gesagt haben. Ich verstehe irgendwie, daß Sie sich nicht trauen, es ihm selber zu sagen. Aber ich glaube nicht, daß er Ihre Bitte erfüllen darf.

Patient: *(verzweifelt):* Sehen Sie, meine Frau kann es auch nicht mehr mit ansehn. Sie sehnt sich, daß ich nicht mehr leiden muß. Können Sie den Artzt nicht doch vielleicht beeinflussen, daß er Erbarmen hat?

Schwester: *(weint):* Herr M., Sie sind so schrecklich krank. Und wir sind so hilflos. Wir könen das Ende nicht einfach bestimmen und Ihr Leiden beenden.

	In dieser großen Not, da weiß ich nichts anderes, da möchte ich mit Ihnen beten. Darf ich das?
Patient:	Ja, bitte, das möchte ich gern.
Schwester:	Herr Gott, Du hast uns das Leben gegeben. Du legst uns Lasten auf, manchmal zu schwere. Gott, hilf diesem Patienten, Herrn M., in seinem bitteren Leiden. Erbarm dich seiner und hilf ihm, daß die Zeit kommt, in der er nicht mehr leiden muß. In deine Hände befehlen wir seine Not und sein Leben. Gib ihm und uns allen Kraft. Amen.
Patient:	Ich danke Ihnen, ja, das hat mir gutgetan. Ich danke Ihnen, Schwester.
Schwester:	Herr M., Sie müssen tapfer sein! Gott behüte Sie!

– **Fragen zum Weiterdenken:**
– Hat sich die Schwester vielleicht zu weit auf den Patienten eingelassen, als sie sagt, sie könne seinen Wunsch, zu sterben, irgendwie verstehen?
– Geht sie nicht überhaupt zu sehr auf den Patienten ein, der etwas wünscht, was mit dem Auftrag des Krankenhauses unvereinbar ist?
– Auf der anderen Seite: Wir leben in einer Zeit, die viel von Sterbehilfe redet. Kann man da den Wunsch des Patienten nicht ganz gut verstehen?
– Wie ist das Ende des Gesprächs zu beurteilen, wo die Schwester mit dem Patienten betet?

– **Seelsorgerliche Beurteilung:**
Herr M. hat einen einfühlbar echten, großen Wunsch: Er will von seinem Leiden erlöst werden. Mit Vorsicht und Geschick versucht er, die Schwester zu gewinnen, sich mit seinem Wunsch zu verbünden, den er sich nicht traut, dem Arzt direkt zu sagen. Die Schwester geht ein Stückweit auf den Patienten zu, wehrt seine Bitte aber dennoch deutlich ab. Dabei entzieht sie sich dem Leidenden nicht, sondern hält seiner Verzweiflung stand, indem sie bleibt und sich mit seiner Not auseinandersetzt. Klar zeigt sie die Grenzen ihrer Möglichkeiten auf, aber ohne Grenzen ist ihr Mitgefühl mit dem Mann, wovon ihre Tränen und ihr Gebet zeugen. Im Mittragen schenkt sie dem Kranken etwas von ihrer Menschlichkeit, im Gebet legt sie seine Not vor den, der letztlich als einziger noch trösten kann.

– **Lernpunkte:**
– Der Krankenhausauftrag schließt jede aktive Sterbehilfe aus.
– Die seelsorgerliche Begleitung schließt Umgehen mit Wünschen nach Sterbehilfe immer ein.
– Die Schwester/der Pfleger soll lernen, solche Bitten, wie Herr M. sie äußert, nicht erschreckt wegzuwischen, sondern die sich darin aussprechende Not ernstzunehmen und Verständnis dafür zu entwickeln.
– Passive Sterbehilfe ist ein täglich neuer Lernauftrag für das heute so heilmächtige Krankenhaus; auch das Gebet kann dazugehören, einen Patienten zu seinem Frieden zu begleiten.

5.3 »Leider habe ich meine Pistole weggegeben«

In diesem Gespräch will eine Schwester einem Patienten Mut machen, der nicht mehr will. Herr S., 70, leidet an arterieller Verschlußkrankheit, seine Frau, auch hospitalisiert, an chronischer Polyarthritis.

Schwester: Na, wie geht's heute morgen? Fühlen Sie sich ein bißchen besser?

Patient: Gar nicht. Die Gefäßdilatation war eine Quälerei, – hat alles doch nichts gebracht, die Schmerzen sind geblieben.

Schwester: Aber vielleicht gibt es doch noch einmal die Möglichkeit einer Gefäßoperation. Man muß doch immer hoffen!

Patient: Für mich bleibt nichts zu hoffen übrig. Ich habe jetzt alles mitgemacht. Ich sage Ihnen: Sterben ist besser als Leben. In meiner Situation auf jeden Fall.

Schwester: Das dürfen Sie doch nicht sagen. Jetzt warten Sie doch erst einmal die neue Gefäßdarstellung ab.

Patient: Es hilft nichts mehr. Wozu lebe ich denn noch? Meine Beine werden nichts mehr, im Bauch dieses gefährliche Aneurysma, das Herz völlig fertig. Ich sage das ganz nüchtern: Das Beste ist Sterben, Wegsein, ganz ohne Drumunddran.

Schwester: Solang man lebt, lebt man, das ist doch schön, und nachher ist man einfach weg, ausgelöscht, das ist nicht schön.

Patient: Schlimmer kann es nicht sein. Den Toten geht es doch gut. Was war denn auf der Welt: Seit der Geburt Christi bis zu den Konzentrationslagern, alles Schwindel und Elend, Unterdrückung und Jammer. Die Asche von meinem Bruder haben sie in USA auf einer Wiese zerstreut. Das ist das einzig Richtige, denn Staub, Asche, Erde, das ist der Mensch.

Schwester: Herr S., wenn Sie so reden, dann wird man ja ganz traurig. Ohne Hoffnung möchte ich nicht leben. Gibt es denn gar nichts mehr, wegen dem es sich noch lohnt, zu leben?

Patient: Ein Ziel? Wenn es das noch gäbe. Aber auf der Welt ist doch alles Lug und Trug. Und wenn man so viel mitgemacht hat, wozu soll man da noch leben wollen? Meine Frau ist ganz derselben Meinung. Die möchte auch nicht mehr aus dem Krankenhaus heimkommen. Ihre Krankheit kann auch nicht mehr besser werden.

Schwester: Dann denken Sie doch wenigstens an früher, an die Vergangenheit! Gibt es da keine schönen Erinnerungen?

Patient: Früher, ja, da gingen wir noch alle zwei Jahre in Urlaub. Aber dieses Jahr – schon zweimal gebucht und wieder abgemeldet. Da muß man doch einfach mutlos werden. Nein, jetzt kommt nichts Besseres mehr. Meine Frau ist seit 15 Jahren krank und keinen Tag ohne Schmerzen.

Schwester: Ach, wenn sie doch wenigstens einen Tag ohne Schmerzen wäre! Das muß schlimm für sie sein.

Patient: Einmal, dieses Jahr, da hat sie Tabletten genommen. Wenn ich sie nun gelassen hätte, wäre alles für sie überstanden gewesen. Aber ich konnte sie ja nicht so einfach da liegen lassen. Es ist eben mitmenschliche Pflicht, daß man da hilft. Aber das Beste für uns beide wäre es, zu gehen und wegzusein.

Schwester: Wie kann ich Ihnen denn helfen? Bei Ihnen kann ich wirklich gar nichts helfen!

Patient: Sie wollen mir Mut machen, aber Sie denken bei sich im Stillen: der hat Recht! Nur sagen dürfen Sie es nicht.

Schwester: (seufzt)

Patient: Es ist nun auch genug geredet. Leider habe ich meine Pistole weggegeben. Aber ich werde schon noch irgendwie hier rauskommen und dann wieder eine kaufen.

Schwester: Sie sagen schreckliche Sachen, – wenn das Ihre Frau hören würde!

Patient: Besser nicht, sonst hängt sie sich gleich auf.

– **Fragen zum Weiterdenken:**
- Wie geht es einem, wenn man so ein Gespräch bis zum Ende gelesen hat?
- Was für ein Gefühl ist Ohnmacht, wenn sie uns hier überfällt? Und wie oft überkommt uns dieses Gefühl in unserem Dienst?
- Hätte es irgendeine Alternative zu der Gesprächsführung der Schwester gegeben? Kann man sich eine Seelsorge vorstellen, die diesem Mann eher geholfen hätte?

– **Seelsorgerliche Beurteilung:**
Aus diesem Patienten spricht nur noch Hoffnungslosigkeit, Verzweiflung, Enttäuschung und Wut. Sein Todeswunsch wird nicht verzagt oder resigniert vorgebracht, sondern aggressiv. An diesem Tag scheint er zu allem entschlossen, denn es gibt nichts mehr, wofür es sich zu leben lohnte. Auch seine Frau ist todkrank, beide quälen sich nur noch auf ein Ziel zu, ihr Ende. Hier wird die Schwester zu einem hilflosen Auffangplatz allen Ärgers über die Trostlosigkeit der Situation und der ganzen menschlichen Existenz. Nicht die kleinste Lücke öffnet ihr der Patient, um ihn vielleicht besser zu stimmen oder zu ermutigen. So kann am Ende nur das Gefühl bitterster Ohnmacht übrigbleiben. Auch religiös gesehen scheint für diesen Menschen alles dunkel, denn ›seit Christi Geburt bis zu den Konzentrationslagern, alles Schwindel und Elend, Unterdrückung und Jammer‹. Was soll man da als seelsorgerlicher Gesprächspartner noch sagen? Oder ist es vielleicht so, daß der Kranke, wenn er seine Wut und Verzweiflung einmal loswerden konnte, später wieder besser zu erreichen ist? Hat die Schwester ihm dann in diesem Gespräch insofern einen Dienst erwiesen, als sie ihn anhörte und ihm Rede und Antwort gab? Ist ihr geduldiges Verhalten dann in sich schon eine Form des Trostes gewesen, auch wenn sie nichts Tröstliches sagen konnte?

– **Lernpunkte:**
- Es gibt Gesprächssituationen, in denen wir überhaupt nichts ›machen‹ und nichts ausrichten können.

- Sterbenskranke richten manchmal Wut und Aggression gegen irgendjemand, der zu ihnen kommt.
- Vielleicht ist es nicht so ernst gemeint, was der Patient sagt, – aber das kann man erst am nächsten Tag wissen.
- Es ist an diesem Tag wichtig, daß jemand sich zur Zielscheibe des Zorns und der Verzweiflung machen läßt; dazu müssen wir bereit sein.

5.4 »Ich glaube, daß Gott auch die Löcher versteht«

Das folgende Gespräch mit einer schwer krebskranken Frau führt die Schwester, als sie die Essentabletts einsammelt. Frau W. hat nach vielen Chemotherapieen jetzt noch eine große Operation über sich ergehen lassen müssen.

Die Patientin liegt ziemlich steif im Bett, flach auf dem Rücken, ihre Hände sind unter der Bettdecke. Die Augen der Patientin wirken noch trauriger als sonst, ihr Gesicht ist blaß, auf dem fast kahlen Kopf sind nach der Chemotherapie nur wenige Haare nachgewachsen. Frau W. hat das Essen kaum berührt. Im Zimmer herrscht eine gedämpfte, bedrückende Atmosphäre.

Schwester: Schade, Frau W., konnten Sie wieder nur so wenig essen?

Patientin: Ich bin zu schwach. Ich erhole mich viel zu langsam.

Schwester: Aber erbrechen mußten Sie sich jetzt nicht, oder?

Patientin: Kann noch kommen. Gestern war's auch so. Wenn ich das gewußt hätte, wie groß die Operation sein wird, dann hätte ich's wohl nicht machen lassen. Darm und Gebärmutter auf einmal, wer weiß, was noch alles.

Schwester: Aber es war halt nötig, ich denke vorbeugend!

Patientin: Irgendwas war im Darm, Verwachsungen oder ein kleiner Tumor, aber die, die haben gleich alles rausgeholt, – »nur zur Sicherheit«! Und mir vorher nichts gesagt. Aber nun, – was hat's gebracht? Mir geht's noch viel schlechter! *(Die Patientin sagt das mit tonloser Stimme und kaum hörbarem bitterem Unterton)*

Schwester: Ich spüre, daß Sie das nicht so recht glauben, was man Ihnen gesagt hat: »nur zur Sicherheit ...«

Patientin: Ja, denn alles ist noch unsicherer geworden.

Schwester: Haben Sie Angst?

Patientin: Ja.

Schwester: Jetzt noch mehr als vor der Operation?

Patientin: Ja. Wenn mir jetzt etwas weh tut, irgendwo, dann denke ich sofort: was bildet sich da wieder?

Schwester: Und gegen die Angst, – kann man da gar nichts machen?

Patientin: Ich versuche immer wieder, solche Gedanken wegzuschieben. Man darf das ja nicht zu nahe an sich rankommen lassen. Man muß ja auch positiv denken.

Schwester: Das gelingt Ihnen dann auch...?
Patientin: Ja, durch Beten.
(Die Patientin dreht den Kopf zur Wand, vielleicht muß sie weinen)
Schwester: Ist Beten manchmal auch schwer für Sie?
Patientin: Ja, manchmal gibt es einen Tag, da kriege ich gar nichts zusammen, nur Löcher...
Schwester: Löcher im Gebet...
Patientin: Ja, da kann ich einfach nicht, es gibt keine Worte, nur Leere...
Schwester: Ich glaube, daß Gott auch die Löcher versteht!
Patientin: Das glaube ich auch.
Schwester: Jetzt muß ich aber gehen und weitermachen.
Gott möge Sie behüten, Frau W.!

Fragen zum Weiterdenken:
- War es recht, daß die Schwester sich noch länger im Zimmer aufhielt?
- War es gut, daß sie die Sorgen der Patientin nicht mit beruhigenden Worten zu dämpfen versuchte?
- Darf man das, Angst eher aufdecken als zudecken, – so wie es die Schwester tat? Verstärkt sich die Angst dadurch nicht?
- Wie ist die ganze Situation von der Frage der ›Wahrheit am Krankenbett‹ her wohl zu beurteilen?

Seelsorgerliche Beurteilung:
Die Schwester blieb bei der Patientin, weil sie spürte: ich kann jetzt nicht weg, die Stimmung von Frau W. ist so schlecht! Sie hat sich vorgenommen, Frau W. in ihren schweren Gefühlen zu begleiten, also Vertröstungen zu vermeiden, die nur dem Zweck dienen, eine Situation rasch zu entschärfen und wieder wegzulaufen. Sogar die Angst der Patientin greift sie auf, weil sie sie spürt. Anstatt gegen die Angst etwas zu tun, läßt sie sie zu: Bis die Patientin selber sagen kann, was ihr gegen die Angst manchmal hilft, – das Gebet. So ist sie mit der Frau ein Stück schweren Wegs gegangen, bis zu der Stelle, wo die Leidende ihren ›Stecken und Stab‹ aus eigener Kraft wiedersehen und nennen konnte. Der einzige Zuspruch, den die Schwester gibt, erfolgt am Schluß: *»Ich glaube, daß Gott auch die Löcher hört.«* Damit stärkt sie die Patientin aus der Kraft ihres persönlichen Glaubens. Das Wichtigste an diesem guten Gespräch war das Dableiben und Standhalten und ehrlich mit der Patientin Umgehen. Die Schwester hat dafür sicher viel Kraft gebraucht. Aber sie hat dadurch auch einen unendlichen Gewinn erzielt: die Stärkung der Beziehung zur Patientin. Wenn ein leidender Mensch jemand findet, der ihn auch im Schweren annimmt und sich in ihn einfühlt in all seinem Jammer, dann entsteht eine sehr tiefe Beziehung zwischen ihnen. Die Schwester hat durch dieses Gespräch auch den Boden vorbereitet, auf dem der Arzt jetzt villeicht ›die Wahrheit‹ sagen kann. Nicht diese wird es letztlich sein, die der Patientin so viel Angst macht, angstmachend ist vielmehr das Andauern der Ungewißheit. Falls die Prognose der Patientin tatsächlich infaust ist – wie es den Anschein hat –, dann

wäre jetzt der richtige Zeitpunkt, um sie aufzuklären. So könnten die Behandelnden der Frau helfen, statt in Verzweiflung eines Tages in Frieden sterben zu dürfen.

- **Lernpunkte:**
- Der von uns oft spontan gesuchte Weg, Patientin zu trösten und Sorgen zu dämpfen, ist nicht immer das, was die Kranken wirklich brauchen.
- Manchmal brauchen sie, auch wenn sie sterbenskrank sind, weniger die Ermutigung, sondern vielmehr die Ehrlichkeit, mit der wir uns ihren negativen Gefühlen stellen.
- Das Standhalten bei der Angst der Patientin hilft dieser kranken Frau, dann auch auf das zu stoßen, was ihr Kraft gibt, mitten in der Angst.
- Beistand geben bedeutet in diesem Fall: nicht jemand aufmuntern, beraten oder beruhigen, sondern bei jemand stehen bleiben und sich aufrichtig auf ihn einlassen.

5.5 »Viele Zehen sind weg, ich glaub' alle«

Im folgenden Gespräch versucht die Schwester, in Kontakt mit einer in depressive Starre versunkenen Patienten zu kommen. Die große Schwierigkeit dabei ist die abweisende Haltung der Patientin und ihr langes Schweigen.

Die 74jährige zuckerkranke Patientin liegt schon viele Wochen im Krankenhaus. Man hat versucht, ihr durch eine Gefäßoperation zu besserer Beindurchblutung zu verhelfen. Als sich das als vergeblich herausstellte, wird zuerst ein Zeh amputiert, wenige Wochen später alle anderen. Wahrscheinlich muß bald bis zum Unterschenkel amputiert werden.
Die Patientin liegt auf dem Rücken mit weißem, fahlem Gesicht. Ihr schwerer Körper ist unbeweglich ausgestreckt. Etwas Starres geht von der Frau aus, und man spürt, daß sie kaum reden kann oder will. Während des ganzen folgenden Gesprächs schaut die Patientin die Schwester nicht an, sondern blickt hinüber zur Wand.

Schwester:	Aber Frau E., Sie liegen ja ganz stumm und steif da, – geht es Ihnen so schlecht?
Patientin:	*(Schweigen; Stille)*
Schwester:	Sie können gar nicht sprechen. Ist es vielleicht wegen der Schmerzen?
Patientin:	*(Schweigen; Stille)*
Schwester:	*(betrachtet die Patientin lang, kriegt ein wenig Angst vor der abweisenden Haltung)* Sind Sie traurig, daß man jetzt alle Zehen abnehmen mußte?
Patientin:	Viele Zehen, ja, ich glaub' alle. *(ganz leise)*
Schwester:	Und tut es Ihnen immer noch weh? Hat das Schmerzmittel nicht gewirkt?

Patientin:	Es tut etwas weniger weh, aber immer noch. *(Schweigen; Schwere)*
Schwester:	Tut es Ihnen vielleicht mehr innerlich weh, sind Sie wegen der Entwicklung ganz niedergeschlagen?
Patientin:	Man muß es halt nehmen, wie es kommt. *(Sie sagt es mit tonloser Stimme und leblosem, deprimiertem Ausdruck)*
Schwester:	Kann man sich gar nicht dagegen wehren, daß man so traurig wird? Wie kann ich Sie denn aufmuntern?
Patientin:	*(Keine Antwort, Stille voller Schmerz und Trauer)*
Schwester:	Nicht wahr, heute erscheint Ihnen alles schwarz und aussichtslos. Es gibt nichts Lichtes am Horizont.
Patientin:	Man muß halt immer noch hoffen. *(es klingt schier hoffnungslos)*
Schwester:	Da freue ich mich, daß Sie sagen: ›immer noch hoffen‹. *(sie glaubt der Frau diese Worte aber noch nicht recht)*
Patientin:	*(Schweigen, Schwere, lange Pause)*
Schwester:	*(sucht nach einem Trost, fühlt sich aber ganz hilflos)* Ich wünsche Ihnen ganz arg, daß der Fuß jetzt heilt, und daß es Ihnen bald wieder besser geht, auch seelisch, und Sie wieder ein bißchen lächeln können.
Patientin:	*(dreht sich zum 1. Mal aus der vollen Rückenlage ein wenig zur Schwester hin)* Danke, Schwester. Es geht immer ein Stückle weiter.
Schwester:	*(nachdem das ganze Gespräch wie eine Schwerarbeit gewesen war, fühlt sich die Schwester jetzt leichter)* Bis bald, Frau E.!

– **Fragen zum Weiterdenken:**
– Hat es einen Wert, erscheint es hoffnungsvoll, auf den depressiven Zustand so intensiv einzugehen?
– Könnte es nicht sein, daß man die Patientin besser in Ruhe läßt, bis sich ihr Zustand vielleicht von selbst bessert?
– Falls man das Gespräch für sinnvoll hält: muß man nicht hinter das lange Mitschweigen der Schwester ein Fragezeichen setzen?
– Hätte die Schwester nicht direkter und aufmunternder auf die melancholische Schwere der Frau einwirken müssen?

– **Seelsorgerliche Beurteilung:**
Es war gut, die Patientin anzusprechen. Die steinerne Mauer, die sich um sie gebildet hat, wird erst richtig undurchdringlich, wenn niemand kommt, um sie aufzuweichen. Traurigkeit und Verlassenheit können von dem überwunden werden, der mit liebendem Herzen Kontakt zu der Kranken sucht und sie wieder ins Gespräch mit der Umwelt bringt. Die in völlige Beziehungslosigkeit gefallene Patientin wird von der Schwester freundlich und geduldig in die Sozialität zurückgeholt. Das Mitschweigen der Schwester ist eine Weise, sich in die Kranke einzufühlen und sie nicht zu überfordern. Die Pflegerin spricht der Patientin wenig direkten Trost zu, läßt aber als Mitmensch nicht ab, die Kranke

anzusprechen, damit diese das Mitgefühl schließlich doch als Trost erreicht. Am Schluß kann die Kranke sich wieder bewegen, auf die Partnerin zubewegen und sagen: ›Es geht immer ein Stückle weiter‹. Die Patientin hat der Schwester am folgenden Tag für das Gespräch gedankt: »Gestern hatte ich ein arges Tief, aber nun habe ich mich wieder ein bißchen gefangen, und Sie haben mir dabei geholfen.«

– **Lernpunkte:**
– Körper und Seele leiden zusammen. Im Alter kann eine Amputation als erstes Stück Sterben erlebt werden.
– Menschen werden manchmal so traurig, daß sie sich nicht mehr bewegen können und erstarrt auf einen Fleck blicken.
– Seelsorge bedeutet dann, sich bis zu einem gewissen Grad in die Trauer hineinnehmen zu lassen und auch mitschweigen zu können. So wird das Gefühl des Trauernden respektiert.
– Es gilt sodann, ihn damit nicht allein zu lassen, sondern aus der tiefen Depression auf liebevolle Weise ›herauszulieben‹, ihn so lange freundlich anzusprechen, bis er sich wieder ›bewegt‹.

5.6 »Sie machen hier stur ihren Stiefel, ohne Rücksicht«

Herr P. ist ein 60jähriger Patient mit Blutkrebs, der immer wieder zur Zytostase und Bluttransfusion ins Krankenhaus kommt. Manchmal war er schon ziemlich schlecht dran. In diesem Gespräch ist der sonst sensible, liebenswürdige Mann grob und wütend. Der Pfleger, ein Krankenpflegeschüler, muß mit einer relativ berechtigten, aber doch unverhältnismäßigen Kritik fertigwerden.

Pfleger: Herr P., ich möchte Sie abholen zum Röntgen!

Patient: Soso, aber ohne mich! Sehen Sie das denn nicht? *(An beiden Armen sind Braunülen).* Hier, am linken Handgelenk ist es ganz entzündet. Sie wollen mich zum Röntgen fahren mit unverbundener Hand! Wie stellen Sie sich das vor?

Pfleger: Wenn Sie möchten, verbinde ich Sie zuerst noch.

Patient: Ihr macht hier doch alle stur Euren Stil! Wißt Ihr das eigentlich nicht, daß so ein Krankenhaus eine Hölle von Infekten ist?

Pfleger: Aber ich kann mir eigentlich nicht vorstellen, daß Ihnen jetzt etwas passiert, wenn wir zum Röntgen fahren.

Patient: Jaja, meine Entzündung habe ich ja schon weg! Schauen Sie mal diesen Arm an. Wissen Sie, was das für mich bedeutet?

Pfleger: Tut es sehr weh?

Patient: Ihr könnt wohl gar nicht zwischen den einzelnen Patienten unterscheiden? Alle machen einfach ihren Stiefel, ohne Rücksicht. Kommen her zu einem mit Händen, mit denen sie vorher jemand anders den Hintern geputzt haben!

Pfleger: Das kann nicht sein. Da gibt es genaue Vorschriften, an die wir uns auch halten. Kommen Sie, ich werde Sie jetzt verbinden und dann gehen wir.

Patient: Wissen Sie, was diese Entzündung für mich bedeutet?

Pfleger: Nicht so recht, ich bin noch Schüler.

Patient: Und alle werden auf einen losgelassen. Ach, ich bin für diesen Betrieb nicht geschaffen! Und die ganze Nacht diese Unruhe. Ein Vierbettzimmer für so einen schwerkranken Mann!

Pfleger: Ich habe gehört, Sie haben zweimal die Zytostase geschwänzt, das hätten Sie eben auch nicht tun sollen.

Patient: Das ist meine Sache! Ach, es ist doch alles zum Verzweifeln. *(Inzwischen ist das Handgelenk verbunden, Herr P. wird zum Röntgen gebracht)*

– **Fragen zum Weiterdenken:**

– Was bedeutet die Entzündung durch eine Infusionsnadel für einen Patienten mit dieser Diagnose, und warum ist Herr P. also zu recht ärgerlich auf das Krankenhaus?

– Warum ist der Ärger des Patienten dennoch unverhältnismäßig, und inwiefern kann man sagen, daß er eigentlich weder auf den Krankenpfleger ›paßt‹ noch auf das Stationsteam?

– Hat der Krankenpfleger sich in der Gesprächsführung richtig verhalten, oder hätte es noch eine Möglichkeit zur Vertiefung der Beziehung geben können?

– **Seelsorgerliche Beurteilung:**

Herr P. ist in einer unglücklichen Lage, weil die Grunderkrankung seine Immunbarriere gesenkt hat, so daß er für alle Arten von Infektionen anfälliger geworden ist und schon oft Fieber bekommen hat. Es ist nicht ausgemacht, daß das Krankenhaus an seiner jetzigen Infektion schuldig ist, es kann auch an seiner erhöhten Anfälligkeit liegen, daß er einen entzündeten Arm hat. Dieser Arm aber dient dem schwerkranken Patienten als Hilfsmittel, seinen Ärger auf den drohenden Tod ab- und umzuleiten auf die ›unfähigen‹ Schwestern und Pfleger seiner Station. Es mag ein Versäumnis sein, daß sein Arm noch nicht verbunden ist, aber es ist nicht gesagt, daß der Verband an der Entzündung etwas ändert oder daß das Fehlen des Verbands diese Entzündung verschlimmert. Der Pfleger, der den Patienten zum Röntgen bringen soll, wird zur Zielscheibe des gesamten Ärgers, der eigentlich eine Wut auf das Krankheits- und Sterbeschicksal ist. Der Pfleger könnte empfindlich reagieren und zum Mittel ärgerlicher Entgegnungen greifen (was er am Schluß auch einmal tut); er bleibt aber im Allgemeinen ganz ruhig und läßt sich nicht aus der Balance bringen. Seine sachliche Art verhütet hier Schlimmeres, auf der anderen Seite verhndert sie aber auch, daß der Patient zur eigentlichen Quelle seines Schmerzes durchdringen kann. Hätte der junge Pfleger den wirklich am Leid des Patienten ›Schuldigen‹ erkannt, dann hätte er vielleicht sagen können:

»Sie sind so unglücklich über ihr ganzes Krankheitsschicksal, und nun müssen Sie auch noch diese schlimme Entzündung kriegen.« Solche Einfühlung hätte vielleicht eine Brücke bilden können, die den Patienten zu tieferem Aussprechen oder Ausweinen hingeführt hätte.

– **Lernpunkte:**
– In sehr vielen Fällen muß man aufpassen, daß man sich selbst nicht mit dem verwechselt, dem der Ärger eines Patienten wirklich gilt.
– Schwerkranken muß man zubilligen, auf kleine Anlässe unverhältnismäßig zu reagieren, denn ihnen ist das Lebensgleichgewicht genommen.
– Seelsorgerliche Begleitung bedeutet in diesem Fall: nicht aufhören, liebevoll zu sein und zu versuchen, mit dem eigentlichen Grund des Ärgers ins Gespräch zu kommen.

6. Trösten als Urform der Seelsorge

6.1 Trost als seelsorgerlicher Auftrag im Krankenhaus

Das deutsche Wort Trost hängt sprachlich zusammen mit engl. ›trust‹ d.i. Vertrauen, Zuversicht und vielleicht auch mit deutsch Trotz bzw. Trutz d.i. Widerstandskraft, Lebensstärke. Die Sprachbedeutungen im Umfeld des Wortes Trost lassen erkennen, daß Trost-Brauchen etwas Allgemeinmenschliches ist, und Trost-Spenden nicht nur etwas Religiöses. Die Ursituation von Trost, die uns jedesmal einfällt, ist die Mutter, die den Jammer ihres Kindes stillt, das sich wehgetan hat, indem sie es in ihre Arme nimmt. In Angst und Schmerz, bei Einsamkeit und Verlust, braucht auch der Erwachsene Trost. Trost ist eine seelische Hilfe, die ihm ermöglicht, wieder ins psychische Gleichgewicht zu kommen und vertrauensvoll nach vorne zu blicken. Wie werden Erwachsene getröstet, die ja nicht mehr in die Arme einer Mutter fliehen können? Meistens durch einen Menschen, glaube ich, der etwas Ähnliches tut wie die Mutter damals: Der zuhört, in die Arme nimmt, beruhigt und gut zuredet. Manchmal finden wir auch Trost auf andere Weise: durch einen Spaziergang, schöne Musik, ein paar Blumen, durch die Zeit, die heilt, oder durch die innere Neuorientierung nach einer überstandenen Krise.

Die Zeit im Krankenhaus ist geprägt von schweren Streß-Situationen, in denen Menschen ihre Kraft, Balance und Zuversicht verlieren können. Gesunde Menschen sind meist irgendwie »getrost«. Kranke aber erleiden Schmerzen und Ängste und verlieren deshalb oft auch ihre Abwehrkräfte und Schutzmechanismen: sie können ›kindlich schwach‹ werden und ihre Trostbedürftigkeit ausdrücken ›wie damals‹: Sie lassen den Kopf hängen und verstummen, sie jammern und klagen, sie weinen und trauern, sie kommen außer sich und verlieren ihre Hoffnung. Daß Menschen in der Grenzsituation Krankheit Mut und Fassung verlieren können und Hilfe brauchen wie Kinder, dies gestehen wir ihnen zu, weil es menschlich ist.

Menschen ergreifen den Pflegeberuf meist aus dem Wunsch heraus, anderen zu helfen. Trösten wird deshalb als selbstverständliche Aufgabe der im Krankenhaus Tätigen empfunden. Die Schwestern und Pfleger übernehmen dabei ein mitmenschlich-seelsorgerliches Amt bei den Kranken, die in irgendeine Art von Not oder Leid geraten sind. Pfleger und Schwestern beruhigen, muntern auf, stützen, streicheln, halten fest, reden gut zu, umarmen, richten auf... Und all das fällt ihnen im Grunde nicht schwer, denn Trösten-Können ist eine uns instinktmäßig mitgegebene Fähigkeit und meistens sogar ein Bedürfnis. Wir möchten uns gern Menschen tröstlich zuwenden, die wir leiden oder Angst haben oder weinen sehen, und wollen ihren Schmerz lindern, ihre Tränen abwischen und ihren Kummer heilen. Trösten ist wohl der wichtigste seelsorgerliche Auftrag im Krankenhaus. Man kann sagen: vielleicht ist Seelsorge hauptsächlich nur dies eine: Trösten. Dazu einige alltägliche Beispiele:

6.2 Trostbedürftigkeit im Krankenhaus

– Frau A. sitzt auf dem Bett und weint – völlig erschöpft nach einer endlosen Reihe von Röntgenuntersuchungen auf kalten, harten Tischen.
– Herr B. wird auf die Operation vorbereitet; nach dem Besuch des Narkosearztes hat er Angst, die Unterschrift zu leisten. Auf dem Blatt stehen die Risiken der Operation mit drauf.
– Frau C. hat soeben gehört, daß sie wegen einer Fistel ein zweites Mal an derselben Stelle operiert werden muß; sie hat keine Kraft mehr dazu und braucht Zuspruch.
– Der alte Herr D. fühlt sich von seinen Kindern verlassen. Sie hätten ihn nach dem Krankenhausaufenthalt in ihrer Wohnung aufnehmen können. Sie haben ihm aber mitgeteilt, daß sie ihn ins Altersheim einweisen wollen.
– Frau F. kann auch zwei Wochen nach ihrer Magenresektion noch keinen Bissen bei sich behalten und wirkt elend, erschöpft und mutlos. Es ist schwer, sie anzusprechen.
– Das Kind G. hat Angst davor, den Schlauch für die Gastroskopie zu schlucken. Es stellt sich so schwierig an, daß die Untersuchung heute nicht klappt.
– Frau H. ist in der Intensivstation aufgewacht. Man hat ihr nun mitteilen müssen, daß ihr Mann bei dem gemeinsamen Unfall ums Leben gekommen ist.
– Herr I. klagt, weil er schon drei Monate im Krankenhaus ist und keine Besserung sieht, im Gegenteil, nur Verschlechterung. Schon 4mal ist er am Bein amputiert worden, jedesmal verlor er ein Stück.
– Frau K. hat das Mittagessen unberührt stehen lassen. Man kann es nicht verstehen, denn innerlich fehlt ihr nichts. Als sie deswegen gefragt wird, bleibt sie stumm und dreht sich weg. Offenbar ist sie deprimiert.
– Herr L. zeigt auf seinen Kopf und sagt: »Hautkrebs, ich weiß, daran werde ich sterben. Meinem Nachbarn ist es genauso gegangen.« Es ist schwer, ihm zu widersprechen, denn die Diagnose wies auf etwas Bösartiges hin.

Man könnte die Reihe bis Z fortsetzen und dann wieder neu beginnen. Die tägliche Arbeit im Krankenhaus ist gefüllt von Situationen, in denen neben der körperlichen Pflegearbeit auch seelische Zuwendung verlangt ist: eben dieser Trost. Aber wie oft fällt es uns schwer, ihn zu geben!

6.3 Trost in der Bibel und durch den Glauben

Weil es für unseren Rahmen zu viel wäre, die Sinn-Inhalte von ›Trost‹ durch die ganze Bibel zu verfolgen, beschränke ich mich auf die Betrachtung von zwei Wort-Bedeutungen des Begriffes ›Trost‹ (hebr. Nicham und griech. Parakalein = Trösten).
Im Alten Testament und in der hebräischen Sprache wird für Trösten ein Wort benützt, in welchem *Aufatmen und Aufatmenlassen* mit anklingt. Trost hilft, daß man ein Geschick ›aufatmend besser ertragen kann‹. Nicht eine äußere Lage verändert der Trost, sondern das Befinden *in* einer schweren Lage. Auch im Psalm 23 nehmen Stecken und Stab Gottes das finstere Tal nicht einfach weg, sondern trösten den Beter *in* diesem dunklen Schicksal. Die Angst wird nicht zugedeckt, die Gefahr nicht abgeblendet, vielmehr der Beter so getröstet, daß er Vertrauen gewinnen kann *trotz* allem: »denn du bist bei mir . . . « In vielen Psalmen steht der Trost nicht an erster Stelle, sondern die Klage. Bevor der Beter nicht ausführlich klagen durfte, kann er nicht zum Trost hindurchfinden. Trost kommt durch das Aussprechen und Loslassen der Klage hindurch als ein Geschenk Gottes zum Beter. »Laut will ich schreien zu Gott, laut zu Gott, daß er auf mich höre« *(Ps.77,2)*. Und später kann der getröstete Mensch plötzlich sagen: »Was betrübst du dich, meine Seele, und bist so unruhig in mir! Harre auf Gott, denn ich werde ihm noch danken, daß er meines Angesichtes Hilfe und mein Trost ist« *(Ps.42,6)*. Besteht nicht auch unser Trösten manchmal aus einem verständnisvollen Zulassen und Anhören der Klage eines Patienten? Und ist unser Beistand nicht Hilfe in der Weise, daß ein Patient dann, wenn wir ihn in seiner Trostlosigkeit begleitet haben, wieder Mut schöpft trotz allem, was *unverändert* auf ihm lastet? Daß er aufseufzt und dann aufatmet und sich erleichtert fühlt, obwohl das Schwere immer noch da ist, das er ertragen muß?
Im Neuen Testament findet sich für Trösten das oben genannte griechische Wort mit der ursprünglichen Bedeutung *›herbeirufen‹*. Der Trostbedürftige ruft also eine Hilfe herbei, so wie ein Kind seine Mutter, und der christliche Bruder oder die Schwester kommen, rufen ihrerseits nach dem Menschen, der Trost braucht, und schenken ihm ihre Gemeinschaft. Trost wird im Neuen Testament vielfach von Menschen gegeben, die sich in dieser Art gegenseitig rufen und *Zuspruch geben*, und das tun sie manchmal, indem sie an Gott, den ›Vater allen Trostes‹ erinnern. In den Paulusbriefen bringt der mitchristliche Trost Stärkung in Schwachheit, Widerstandskraft in Bedrängnis, Festigkeit, wo alles ringsum ins Wanken gerät. Aber auch hier gilt: Das ist »keine Vertröstung auf angeblich bessere, lichtere Zeiten, sondern eine Bestärkung und Ermutigung, die einen bedrängende Situationen anders wahrnehmen und ihnen standhalten läßt.*«
Der eigentliche Trost kommt von Gott, dem »Vater der Barmherzigkeit« *(2. Kor. 1,3)*; die Botschaft von Christus ist auch selbst Trost *(1. Thess. 2,3)*; und der Heilige Geist erhält bei Johannes den Namen ›Tröster‹ *(Joh. 16,7)*. Kann man also Gott Vater, Sohn und Geist sich zum Trost herbeirufen, oder ruft uns Gott

---

* *Volker Weymann,* Trost? Orientierungsversuch zur Seelsorge, Zürich 1989, S. 39.

her zu sich, um uns durch seinen lieben Sohn und die Kraft seines Geistes zu trösten?
Mehr als an anderen Orten suchen und finden Menschen im Krankenhaus Trost aus der Kraft ihres Glaubens. Krankheit ist eine Grenzsituation, die unser Leben in seinen Grundfesten erschüttern kann. Sie ist offenbar leichter zu ertragen, wenn wir uns an dem unsichtbaren Gegenüber jenseits unserer Grenzen festhalten, an Gottes liebender Macht. Gott scheint uns einerseits in dem Bedrohlichen drohend entgegenzukommen, andererseits wendet er sich uns eben darin auch zu als Trost und Halt. Wenn Menschen in Gefahr lernen, ihr Sich-Klammern an die Sicherheit des Lebens zu lockern und sich neu festzumachen in der Gewißheit der Zuwendung Gottes, dann können sie sich dem, was auf sie zukommt, oft mit mehr Mut stellen und ihr Krankheitsleid getrösteter auf sich nehmen.
Daß gerade von religiöser Seite Trost erwartet und im Glauben auch gefunden werden kann, zeigt sich an folgender Erfahrung: Seelsorger, die sich im Krankenzimmer vorstellen, werden oft gleich mit dem Satz empfangen: ›Sie sind gekommen, uns Trost zu bringen!‹, – noch bevor sie irgend etwas gesagt haben. Und wenn sie gehen, wird ihnen für empfangenen Trost gedankt, obwohl sie nur zugehört und kein religiöses Trostwort gesagt haben. Warum wird das Kommen einer religiösen Person und ihr Hinblicken auf eine Not bereits als tröstlich empfunden? Weil es offenbar die Erfahrung oder Erwartung der Kranken gibt, daß der liebende *Gott* kommt und ihre Not gnädig ansieht. Die Zuwendung durch die Barmherzigkeit Gottes erleichtert den Leidtragenden ihr Los und tröstet sie.
Haben es Seelsorger der Religionen also leicht mit der Aufgabe des Tröstens? Ich glaube doch nicht. Sie müssen genauso wie alle anderen Besucher am Krankenbett aufpassen, daß sie nicht vertrösten, beschwichtigen oder über das Leid der Kranken hinwegreden. Das religiöse Wort kann für Seelsorger zu dem Mittel werden, mit dem auch sie sich emotional Schweres vom Leib halten können. Wenn sie es gedanken- oder gefühllos benützen, wird auch die religiöse Ermunterung zum billigen Trost, von dem der Kranke nichts hat. Trost, der nicht trügt, sondern trägt, kommt nicht automatisch aus geistlichen Worten, Gebeten oder Segensformeln. Seelsorger, die ihre Aufgabe ernstnehmen, werden solche Formeln eher zurückhaltend gebrauchen.
Trösten mit Worten ist schwer, für Besucher oder Geistliche, aber genauso für Pfleger und Schwestern. Ob es in allgemeinmenschlicher oder in religiöser Form geschieht, Schwestern und Pfleger stehen immer wieder vor der Frage: Trösten, – wie macht man das eigentlich? Was sagt man da? Oder wie tröstet man ohne Worte?

6.4 Trösten – reden oder schweigen

Wie verhält sich die Mutter gegenüber dem weinenden Kind? Sie nimmt es auf den Schoß, legt ihren Arm um seine Schulter und läßt es seinen Schmerz erzählen und sich ausweinen. Es ist nicht wichtig, was die Mutter sagt, sondern nur, daß sie da ist, zuhört, sich dem Kind mit ihrer Körperwärme zuwendet und vielleicht ein paar beruhigende Laute von sich gibt. So geschieht Trost. Das Kind fühlt sich verstanden und kriegt seine Balance wieder. Plötzlich springt es vom Schoß und läuft weg, als ob nichts gewesen wäre. In seiner Not konnte das Kind in die Symbiose mit der Mutter zurückkehren und solange dort bleiben, bis es sich erholt und seine Kraft zurückgewonnen hat, das Leben getrennt von der Mutter weiterzuführen.

Trösten im Krankenhaus wird oft in ähnlicher Gestalt schweigend geschehen. Die Pflegenden legen still ihren Arm um den trostbedürftigen Patienten, dem es wohltut, solche Nähe und Solidarität zu spüren. In anderen Situationen sprechen sie ein paar aufmunternde, beruhigende Worte, und auch der Ton und Klang ihrer Stimme drückt die Zuwendung und das Mitgefühl aus, die sie schenken wollen. Wieder in anderen Fällen setzen sie sich auf den Bettrand und lassen den Patienten sich aussprechen. Ihr Verständnis für seine Sorge oder Angst tun ihm gut.

Trösten im Krankenhaus geschieht *mit guten Worten* oder *mit schweigender Sympathie*. Es ist manchmal in Sekundenschnelle geschehen, nur so während dem Bettenmachen oder Rücken-Einreiben. Manchmal braucht es eine besondere halbe Stunde, die vielleicht die Nachtschwester für einen Menschen aufbringt, der am andern Tag operiert wird. Trösten ist heute etwas ganz Einfaches, das uns immer gelingt, und morgen der Ernstfall der Seelsorge, bei dem wir uns furchtbar überfordert fühlen. Meistens haben wir etwas, das tröstet: unsere freundliche Zuwendung, unsre aufmunternde Art, unser jugendliches Wesen, unseren Schatz an guten Worten, unseren Glauben und unser Mitgefühl. Einige Male aber kommt es vor, daß wir nichts haben, das tröstet. Daß unser Mund verstummt, weil auch unser Herz wie zugeschnürt ist. Weglaufen wollen wir nicht, hilflos bleiben wir dann stehen, der Schmerz des andern hält uns ohnmächtig fest. Am Ende gehen wir doch weg, belastet und betroffen. Gibt es keinen Trost? Was sollen wir sagen oder tun? Wie können wir dem Patienten wenigstens ein bißchen helfen?

6.5 Trösten – nicht vertrösten:

Wer sich in einer seelischen Not befindet, der will nicht bloß vertröstet werden. Vertrösten, das ist: Verharmlosen, bagatellisieren, nicht ernst nehmen, beschwichtigen, ablenken, mit billigen Worten abspeisen, unguten Optimismus verbreiten und vieles mehr. Im allgemeinen erliegen Pflegende im Krankenhaus wohl nicht der Gefahr des Vertröstens. Sie überspielen die Wirklichkeit nicht, mit der sie es ständig zu tun haben, sondern helfen den Patienten in angemessener Weise, ihre Belastungen zu verkraften.

In einzelnen Fällen freilich werden auch Schwestern und Pfleger vertrösten: dann, wenn sie keine Zeit oder Kraft mehr haben, sich einem Patienten zuzuwenden, wenn sie selbst ganz ratlos sind, wenn sie nicht wissen, was sie pflegerisch machen sollen, oder wenn sie das Gefühl haben, daß sie mit einer beschwichtigenden Lüge dem Patienten vielleicht mehr nützen. Trost kann manchmal die Form des

Vertröstens annehmen – solange der andere dadurch beruhigt wird, ist wohl nichts dagegen einzuwenden. Es kommt aber vor, daß Pflegende leichtfertig vertrösten oder beschwichtigen, um sich von einer Notsituation zu distanzieren, mit der sie sich jetzt nicht beschäftigen wollen. Wo das geschieht, wird sich der Patient abgelehnt oder abgespeist fühlen, und seine Not wird sich dadurch noch verschlimmern.

Wer sich darin üben will, billiges Trösten bei sich selbst zu überwinden, kann es wohl am besten, indem er sich einer trostlosen Lage bewußt aussetzt und zunächst nichts tut, als beim betroffenen Patienten auszuhalten. Seelsorge hat mit diesem Sich-Aussetzen zu tun: sie ist im Krankenhaus oft nichts anderes als solcher ohnmächtiger Beistand. Bei dem Kranken stehen und mit ihm fühlen, und dabei mit der eigenen Weisheit auch am Ende sein – kann das wirklich Seelsorge sein? Ja, denn der trostlose Tröster, der die Gefühle eines andern stehen läßt, wie sie sind, hilft ihm dennoch, sie zu ertragen, indem er sie – wenigstens für eine Weile – mit erträgt. Man kann als Seelsorge übende Pflegeperson ähnliche Erfahrungen machen, wie sie Mütter haben, die bei einem trostbedürftigen Kind ausharren. Das gemeinsame stumme Ertragen eines Schmerzes kann auf wunderbare Weise zu seiner Verwandlung führen. Plötzlich kann ein Patient seine eben noch trostlose Lage aufatmend besser ertragen. In ihm selbst ist ein klein wenig Erleichterung und neue Kraft entstanden, ohne unser aktives Zutun, nur durch unser Standhalten und Verständnis. Auch beim religiösen Trösten ereignet es sich so, daß das erleichternde, erlösende Glaubenswort oft nach langem Schweigen und Ringen aus dem Mund des Trostbedürftigen kommt, *nicht* aus dem des Seelsorgers, der auf jeden Fall lieber verstummen als vertrösten wollte.

Trost ist also etwas, das man lernen und üben kann, aber gleichzeitig bleibt es auch Geheimnis und Geschenk. Einerseits kann das Getröstetwerden eines Patienten durch unsre teilnehmende Liebe entstehen, andererseits auch wieder nicht durch uns, sondern aus einer unerklärlichen Kraft des Grundes im Patienten selbst. Trost kann einem Menschen versagt bleiben oder ihm plötzlich von innen her aufgehen, wider Erwarten und gegen den Augenschein. Wenn ein Mensch im Krankenhaus wieder Kraft gewinnt, dann kann sein Getrostsein oft einer bitteren Realität paradox entgegenstehen.

Man kann es vergleichen mit dem Mut des Apostels Paulus, der trotz widrigster Umstände sagen kann: »So erweisen wir uns als Diener Gottes...

– als Sterbende, – und siehe, wir leben;
– als Geschlagene – und doch nicht getötet;
– als Traurige, – aber allezeit fröhlich;
– als die Armen, – die doch viele reich machen;
– als die nichts haben – und doch alles haben« *(2. Kor. 6,9f.)*.

Der Trost ist ein paradoxes Geheimnis in dem kranken Apostel, der von dem Wort Gottes an ihn lebt: »Laß dir an meiner Gnade genügen, denn meine Kraft ist in der Schwachheit mächtig« *(2. Kor. 12,9)*.

6.6 Zwei Lernbeispiele

Hier noch zwei Gesprächsbegegnungen, bei denen jeweils nur der Patient zu Wort kommt, und die Äußerungen der Schwester, des Pflegers ausgelassen sind, um vom Leser in der Phantasie eingesetzt zu werden. Wie könnte man diese Patienten trösten?

Frau A (69 J.): »Ich bin eine alte, schäbige Henne«

Patientin: »Vor einem halben Jahr habe ich mir den Knöchel zersplittert, das hat drei Monate gedauert, bis ich dann wieder einigermaßen laufen konnte. Und nun drehe ich mich einmal ungeschickt – ich will bloß Holz aus der Schachtel nehmen, um Feuer zu machen – und rrrums, da haut es mich hin, und der Oberschenkelhals ist gebrochen. Es ist schon eine grausige Gewalt, die das Unglück jetzt über mich gehabt hat. Darüber denke ich viel nach, ob das Unglück mit dem Teufel etwas zu tun haben könnte.«

Antwort: –

Patientin: »Sie haben mir ein neues Hüftgelenk eingesetzt, schon vor vier Wochen, aber mit dem Laufen wird es jeden Tag schlechter anstatt besser. Wie soll ich jetzt meine Arbeit vollbringen? Wie soll ich allein weiterexistieren? Das Unglück hat mir elf Jahre aus der Hand genommen, die ich noch hätte aktiv sein können für meine Familie. Ach, es kommt alles zu plötzlich über mich. Zuerst ist mein Mann gestorben, dann werde ich so hilfsbedürftig. Es ist zu viel!«

Antwort: –

Patientin: »Da heißt es immer: ›Die auf den Herrn harren, kriegen neue Kraft, daß sie auffliegen mit Flügeln wie Adler, daß sie laufen und nicht müde werden‹. Das ist so schön und gut gesagt in der Bibel. Aber ich, ich sitze jetzt bald nur noch wie so eine alte, schäbige Henne in der Zimmerecke, flügellahm und wertlos. Was kann man mit mir noch anfangen? Gar nichts!« *(Sie weint)*

Antwort: –

Patientin: »Ich glaube ja alles, was in der Bibel steht, jedes Wort. Ich lese auch immer noch in der Bibel. Aber sonderbar, jetzt im Moment hilft mir das gar nichts. Das Bibellesen wirkt nicht so, wie man so allgemein denkt, bei mir jedenfalls nicht mehr. Meine Verwandten kommen auch immer, sprühen von Optimismus und geben mir schöne, trostreiche Worte. Ach ja, das sagt sich so leicht, was die sagen, aber wenn sie gegangen sind, ist alles gleich – trostlos.«

Antwort: –

Herr B. (70 J.): »Meine Kleider brauche ich jetzt nicht mehr«

Er sitzt entlassungsbereit gekleidet auf seinem Bett, vor sich eine Plastiktüte mit seinen Sachen. Überm Stuhl hängt eine schöne neue Lederjacke, auf dem Fußboden warten neue Schuhe. Herr B. ist Darmkrebs-operiert, nach Bestrahlung und Chemotherapie sind alle Mittel erschöpft. Der Kranke kann nur noch Astronautenkost zu sich nehmen und ist völlig abgemagert. Sterbenskrank soll er in eine Nachsorgeeinrichtung verlegt werden. Er trägt große Trauer im Gesicht, aber auch Spannung, Sorge und Angst.

Schwester: »So, Herr B., nun ist also der Abschiedstag gekommen. Heute fahren Sie nach I.«

Herr B.: »Was mich dort erwartet, weiß ich nicht. Ich geh' nicht gern dorthin. Aber was will ich machen, – ich kann mir nicht mehr selber helfen« *(er wirkt unruhig und gestreßt).*

Antwort: –

Herr B.: »Nach vier Wochen soll ich noch einmal hierher kommen, zu einer Nachuntersuchung. Da muß ich dann wieder wechseln. Ach, man hat keinen Platz mehr, wo man hingehört. Nirgendwo ist man zuhaus ... « *(er ist erschöpft und deprimiert).*

Antwort: –

Herr B.: »Wenn meine Frau noch lebte, könnte ich heim. Aber jetzt geht das auch nicht. Mein Haus – wozu? es ist bloß noch eine finanzielle Belastung. Bald werden wohl meine Töchter alles auflösen müssen« *(er strömt ein Gefühl der Verlassenheit aus).*

Antwort: –

Herr B.: Und meine Kleider, die brauche ich eigentlich jetzt auch nicht mehr. Wozu hat man noch Kleider? Das schöne, neue Zeug? Ich bin ja fast zu schwach, um mich anzuziehen« *(er wirkt ganz geknickt).*

Antwort: –

Herr B.: »Das kann sich ein Gesunder gar nicht vorstellen, was das heißt: So elend und krank werden, daß man kaum mehr laufen und nichts mehr essen kann. Was bleibt mir noch übrig? Ich habe nichts mehr, auf das ich hoffen kann« *(er wendet den Blick zur Wand, um zu verbergen, daß er weint).*

Antwort: –

7. Die ›Wahrheit am Krankenbett‹

7.1 Patient und Wahrheit

– *Eine Fallgeschichte von der Intensivstation, von einer Krankenschwester erzählt.**

»Frau Müller war mit ihrem Mann gerade auf der Rückreise vom Jugoslawien-Urlaub. Plötzlich verspürte sie auf der Autobahn heftige Schmerzen in der Bauchgegend. Sie wurde in unsere Klinik eingewiesen und lag auf der Intensivstation. Nach einigen Tagen der Untersuchung wurde eine Operation für notwendig gefunden. Frau Müller war vierzig Jahre alt und eine bildhübsche Patientien. Sie hatte noch drei Kinder im Alter zwischen acht und fünfzehn Jahren. Sehr zuversichtlich, ja geradezu fröhlich wartete sie auf den Tag der Operation. Die Diagnose war für uns Schwestern niederschmetternd. Wo man hinsah, war alles mit Krebs befallen. Die Operation dauerte viele Stunden. Frau Müller wurde der Befund nicht mitgeteilt, jedoch ihrem Mann.

Sie machte erstaunliche Fortschritte. Ihr Allgemeinzustand wurde von Tag zu Tag besser. Jedesmal, wenn ich an ihr Bett trat, schenkte sie mir ein Lächeln und war voll des Lobes für die Pflege und die gute Betreuung. Sie klagte nicht und steckte voll Optimismus. Nach einigen Wochen konnte Frau Müller auf die Normalstation verlegt werden. Ungefähr vierzehn Tate später traten erneut Schmerzen auf. Eine Rückverlegung auf die Intensivstation erfolgte. Ich erschrak, als ich Frau Müller sah, denn sie war blaß und eingefallen. Auch das Strahlen war aus ihren Augen verschwunden. Ihre Bewegungen waren müde. Eine erneute Operation wurde in Erwägung gezogen. Durch Fieberschübe in der Nacht mußte dieser Eingriff jedoch verschoben werden. Langsam merkten wir, daß Frau Müller ahnte, daß mit ihrer Krankheit etwas nicht in Ordnung war. Wir überlegten uns, ob es nicht besser wäre, Frau Müller die bittere Wahrheit zu sagen. Ihr Mann lehnte dies jedoch ab.

In diesen Tagen herrschte, wie so oft, große Hektik auf der Intensivstation. Jedem fehlte die so ersehnte Zeit. Keine Frage, die Kranken waren bestens versorgt, aber was war mit dem Gespräch? Ich trat an das Bett von Frau Müller. Ruhig lag sie

---

* Schwester *Karin Teige*, aus »Der Dienst der Kirche am kranken Menschen«, hg. vom Ev. Presseverband für Bayern, München 1985.

dort und schaute mich mit großen Augen wissend an. Ich geriet in Zwiespalt mit mir selbst. Eigentlich hatte ich jetzt Angst, was der nächste Satz sein könnte. Sollte ich freundlich lächeln, ein gutes Wort sagen und wieder hinausgehen? Oder sollte ich stehenbleiben und mich dem Problem, was Frau Müller in sich trug, stellen? Ich blieb wie angewurzelt stehen und hielt die Hand von Frau Müller. Sie lächelte mich an und sagte: »Es geht mir nicht gut. Ich werde in den nächsten Tagen zurück nach Köln gehen, nach Hause.« Ich fragte sie, ob dort ihre Kinder warten. Sie sagte nein, sie geht nach Hause zu ihrer Mutter, ihre Mutter wird sie verwöhnen und ihr wie früher als kleines Mädchen alles von den Augen ablesen. Und fast ohne mit dem Satz fertig zu sein, drückte sie meine Hand, schaute mich an und sagte: »Warum das mir, was habe ich getan?«
Nun war ich mir sicher, sie wußte um ihre Krankheit Bescheid, doch konnte sie mit keinem darüber sprechen, da auch ihr Mann dazu nicht bereit war. Auch ich hatte nicht den Mut, das harte Wort ›Krebs‹ auszusprechen, und zudem war uns ja auch untersagt, die Patientin aufzuklären ...«

Wissen die Patienten heute, wie es um sie steht? Sagt man ihnen die Wahrheit? Schwestern und Pfleger erleben wohl beides: Über ihren ernsten Zustand informierte und nicht-informierte Patienten, informierende und nicht-informierende Ärzte. Zwar ist es prinzipiell kaum umstritten: *Patienten sollen aufgeklärt werden.* In der Praxis wird aber auch heute noch anders gehandelt: Es wird verschwiegen, verschleiert oder sogar gelogen, sei es, weil die Angehörigen darauf drängen, sei es weil der Patient nicht fragt und offenkundig in Selbsttäuschung weiterleben will, sei es, weil der Arzt nicht die Kraft dazu hat, die Wahrheit zu sagen.
Hier kommen wir zu dem wohl heikelsten und wundesten Punkt unseres Krankenhausbetriebs. Nach einer Studie*, die an der Universität Gießen im Jahr 1990 erarbeitet und veröffentlicht wurde, verweigern *zwei Drittel der Ärzte* an bundesdeutschen Krankenhäusern den Todkranken und Sterbenden die ›volle Wahrheit‹ über ihren Zustand. Die Hälfte der an 70 Kliniken befragten Ärzte und Pflegekräfte gaben als Grund für eine unvollständige Information die Selbstmordgefährdung der betroffenen Patienten an. Ist das eine stichhaltige oder nur vorgeschobene Begründung?
Von den Ärzten kann man auch noch eine andere Position hören:
Es sei in unserer Zeit gar kein Problem mehr, mit den Patienten über ihre Diagnose zu sprechen. Denn nur noch ein Teil der an Krebs Erkrankten müsse bald nach der Erkennung der Krankheit sterben. Die meisten hätten jetzt sowieso einen hohen Kenntnisstand über Krebserkrankungen und seien am Anfang der Behandlung richtig informiert worden. Dank Stahl, Strahl und Gift hätte man heute eine hohe Überlebenschance. Patienten könnten ruhigen Herzens mit dem Arzt sprechen. Mit jeder traurigen Nachricht könne dieser auch eine frohe überbringen: die Aussicht auf den nächsten Therapieschritt.
Doch wie ist es, wenn die ärztlichen Mittel ausgereizt sind und der Tod herannaht? Nach wie vor sterben sehr viele Menschen ja an Krebs (40% der

---

* Evang. Gemeindeblatt für Württemberg Nr. 19/1990, S. 6.

Sterbefälle), und die meisten sterben im Krankenhaus. Wenn die Gießener Untersuchung stimmt, sind *zwei Drittel* von ihnen nicht wirklich aufgeklärt. Die Ärzte haben auch hier eine einleuchtend klingende Erklärung. Sie sagen: wenn es soweit ist, dann spürt der Patient sein Ende von selbst, er braucht dann nicht mehr aufgeklärt zu werden. Oder aber, er ist nicht mehr bei klarem Bewußtsein und dämmert vollends hinüber, dann kann er gar nicht mehr aufgeklärt werden. Vor Ablauf der versprochenen Zeit, in der Besserung erfolgen sollte, ist er ruhig eingeschlafen. Ist es ihm dadurch nicht besser gegangen? Schließlich hat er auf diese Weise Hoffnung und Mut nie verloren.

Welche Einstellung trifft man beim *Pflegepersonal?* Es kann sein, daß Schwestern und Pfleger die Aufklärung befürworten, aber nichts dagegen machen können, wenn Ärzte die Mitteilung der Wahrheit versäumen oder verweigern. Sie finden sich dann in der mißlichen Lage wieder, in einem Lügenstück mitspielen zu müssen, unter dem sie innerlich leiden. Das bekannte Versteckspiel geht manchmal von den Angehörigen aus, manchmal von den Ärzten. Grotesk wird es, wenn der Patient selbst sich auch noch daran beteiligt. Es kann ja vorkommen, daß er sein Schicksal erkennt, aber die Rede davon seiner Umgebung nicht zumuten will. Sind Schwestern und Pfleger mehrheitlich für die Sagen der Wahrheit? Bei einer Umfrage* unter 700 Krankenschwestern im Gebiet der ehemaligen DDR haben *mehr als 65%* auf die bange Frage des Patienten: »Es geht immer mehr bergab mit mir, ich muß wohl bald sterben?« geantwortet: »So dürfen Sie nicht denken, wer wird denn gleich das Schlimmste annehmen!« Es muß hier berücksichtigt werden, daß Tod und Sterben in der Erziehung der damaligen DDR besonders verdrängt wurden. Aber würden Schwestern und Pfleger in Deutschland-West sehr viel anders reagiert haben? Wahrscheinlich beteiligen sich auch bei uns Pflegepersonen nicht selten beim Verschweigen der Wahrheit, um auf diese Weise die Moral der sterbenskranken Patienten zu stützen. Sind es vielleicht gar zwei Drittel, die so eingestellt sind?

Wie steht es mit den *Patienten* selber? »Bei Krebskranken in der Universitätsklinik Heidelberg wurde eine Befragung durchgeführt. Sie ergab, daß die meisten Krebspatienten von ihrem Arzt die Wahrheit über ihre Krankheit sofort und vollständig erfahren möchten. Die Patienten gaben an, daß die Aufklärung ihre Hoffnung auf Heilung nicht zerstöre. Annähernd *zwei Drittel* möchte haben, daß der Arzt zuerst mit ihnen, dann erst mit Familienangehörigen über die Krankheit spricht.«**

Man muß wohl einräumen, daß die Gießener und die Heidelberger Untersuchung nicht unbedingt auf dieselbe Wahrheit hinzielen: In der Heidelberger Befragung ging es offenbar noch nicht um die Wahrheit des baldigen Sterbensmüssens, sondern zunächst um die Information über den Ausbruch einer bösartigen Erkrankung. Trotzdem ist eine schlimme Diskrepanz in diesen Zahlen enthalten. Es ist die Diskrepanz zwischen erwünschter und tatsächlich erfolgender Aufklärung in den deutschen Krankenhäusern. Die Menschen wissen es heute meist,

---

* *Kay Blumenthal-Barby*, Betreuung Sterbender, Berlin 1982, S. 66.

** Bericht in der ›Frankfurter Rundschau‹ vom 19. 5. 1990.

wenn sie an Krebs leiden. Doch wenn sie in das unumkehrbar finale Stadium ihrer Krankheit eintreten, sind sie in der Mehrheit nicht aufgeklärt.
Was bewirkt die Wahrheit am Krankenbett? Zerstört sie das Vertrauen zwischen Arzt und Patient oder vertieft sie es? Schadet sie der Menschenwürde der Patienten oder ist sie ein wichtiger Beitrag dazu? Sondert sie den Patienten aus, so daß er sich verurteilt fühlt und Selbstmord begeht, – oder ist es im Gegenteil die Lüge, die den Patienten isoliert, so daß er sich ausgestoßen und verlassen vorkommt? Warum tun sich die Ärzte so schwer mit dem Aussprechen der Wahrheit? Fühlen sie sich wie Versager, wenn sie am Schluß dem Tod das Feld überlassen müssen? Ist es zu viel von ihnen verlangt, wenn sie gleichzeitig Heiler der Kranken *und* Sterbebegleiter sein sollen? Sind sie menschlich überfordert, wenn sie sich jede Woche mit einem anderen Sterbenskranken in seelsorgerlicher Weise abgeben sollen? Oder haben sie stichhaltige Gründe für ihren zurückhaltenden Umgang mit der Wahrheit? Was spricht alles für die Aufklärung der todkranken Patienten und was dagegen?

7.2 Argumente gegen eine Patientenaufklärung

Schon vor über 2000 Jahren hat sich *Hippokrates* für die *moralische Schweigepflicht des Artzes* ausgesprochen: »Dies alles soll man mit Ruhe und Geschick tun, indem man vor dem Kranken während der Hilfeleistung das meiste verbirgt, indem man ihm nichts von dem, was kommen wird und ihn bedroht, verrät.«
Warum soll man das nicht tun? Folgende Gründe lassen sich denken:
– **Der Patient muß geschont werden.** Er könnte die Nachricht vielleicht nicht verkraften, ganz verzweifeln und schneller sterben. Oder er könnte furchtbar erschrecken, einen Nervenzusammenbruch bekommen und sich etwas antun. Immer wieder wird das als der wichtigste Grund angegeben, und jeder Arzt erinnert sich an einen Patienten, der aus dem Krankenhausfenster sprang oder im nahegelegenen Wald sich mit Schlaftabletten vergiftete. Geschah das im unmittelbaren Zusammenhang mit der Wahrheitsmeldung?
– **Der Patient soll das Vertrauen zum Arzt bewahren.** Ist die Nachricht einmal ausgesprochen, dann besteht die große Gefahr, daß der Patient sich enttäuscht und verzweifelt vom Arzt abwendet und jede weitere Behandlung verweigert. Es ist wichtig, daß die Behandlung weitergeführt werden kann, und daß weiterhin ein gutes, vertrauensvolles Klima zwischen Arzt und Patient herrscht.
– **Die Hoffnung darf nicht zerstört werden.** Selbst wenn es eine trügerische Hoffnung ist, braucht der Patient sie, damit er seinen Lebens- und Heilungswillen nicht verliert. Solange der Patient Mut und Zuversicht behält, kann er seiner Krankheit Widerstand leisten. Die Hoffnung ist für die Seele, was das Morphium für den Körper ist. Mit beidem hat er etwas, das ihn über den Abgrund trägt, – Wohlstimmung und Euphorie.
– **Der Patient will die Wahrheit gar nicht wissen.** Er fragt nicht, und wenn er fragt, meint er es doch nicht ernst. Die Wahrheit über seinen Zustand könnte er nämlich gar nicht ertragen. Was will der Patient? Er will doch nur eins: beruhigt

und getäuscht werden und sich selber täuschen, damit er Ruhe hat. Darum soll man lieber den Schleier eines glücklichen Ausgangs über alles breiten.

– **Die Prognosen sind heute unsicher,** unsicherer als je zuvor. Vielleicht kann man im Kampf gegen die Krankheit später doch noch einen Erfolg erzielen, von dem man jetzt noch nichts ahnt. Nie sollte man sagen: Es gibt keine Hilfe mehr, das Ende ist abzusehen. Auch Wunder müssen mit eingerechnet werden. Ärztliches Handeln ist ja begrenzt, und mancher ist auf geheimnisvolle Weise von den schwersten Krankheiten geheilt worden.

Was soll man über diese Argumente sagen? Sie sind in aller Regel als ›Rationalisierungen‹ zu bezeichnen: Als Versuche, mit dem Verstand ein Gefühl ›wegzuerklären‹, das man so direkt nicht zulassen oder zugeben kann. Das hinter allen Argumenten stehende Gefühl ist die eigene Angst, und zwar vor dem Tod, nicht des Patienten, vor dem eigenen. Diese nicht zugelassene Angst wird auf den Patienten projiziert, ihm ›untergeschoben‹ und als selbstverständlich gegeben hingestellt. Der Patient mit der angeblichen riesigen Todesangst wird auf die Mitteilung der Wahrheit dann natürlich in dem beschriebenen Sinn reagieren. Aber was weiß man über die Angst des Patienten tatsächlich? Könnte es nicht sein, daß er in seinem Auf-den-Tod-Zugehen schon viel weiter ist als wir selbst, die wir ihn pflegen oder heilen wollen? Und könnte es nicht sein, daß wir zusammen mit ihm, wenn wir die Wahrheit wagen, etwas von unserer eigenen Todesangst abbauen lernen, weil wir sehen, wie er diese Wahrheit verkraftet?

7.3 Argumente für eine Patientenaufklärung

– **Der Anspruch auf Wahrheit gehört zu den Persönlichkeitsrechten.** Jeder hat ein Recht darauf, daß wahrhaftig und ehrlich mit ihm gesprochen wird, auch wenn es um seine letzte Wegstrecke geht. Jeder hat ein Recht auf Selbstbestimmung, um auf seine Weise die letzte Phase seines Lebens zu erleben. Jeder hat ein Recht auf einen persönlich gestalteten Abschied und einen würdigen, individuellen Tod. – (Man darf hinzufügen: Es gehört wohl auch zu den Persönlichkeitsrechten des Arztes, daß er sich zu keiner lügenhaften Patientenbeziehung genötigt sehen darf).

– **die Lüge zerstört das Vertrauen des Kranken zu seiner Umwelt.** Sie kann die Beziehung des Patienten zu Arzt und Angehörigen schwer belasten. *Leo Tolstoj* schreibt in seiner Erzählung: ›Der Tod des Iwan Iljitsch‹: »Das, was Iwan Iljitsch am meisten quälte, war die Lüge – jene aus irgend einem Grunde von allen verbreitete Lüge, daß er nur krank sei und keineswegs auf den Tod darniederläge, und daß er sich nur ruhig verhalten und sich kurieren lassen müsse . . .« Aber »er wußte ja: Was immer auch getan wurde, es konnte nichts dabei herauskommen, außer noch qualvolleren Leiden und dem Tode.«

– **Die Wahrheit hilft dem Kranken, noch einmal Kraft zu schöpfen.** Der Patient, der weiß, wie es um ihn steht, kann noch einmal alle seine Kräfte zusammenraffen, um sich gegen die Krankheit zu wehren. Oder er kann sich als Informierter jetzt erst richtig mit seinem Sterbenmüssen beschäftigen. so daß er reif werden und sein Schicksal schließlich annehmen kann. Er kann heilende Kräfte aus dem Grund seiner Seele hervorbringen, mit denen er die letzte Zeit echter, tiefer, erfüllter leben kann.

– **Die Wahrheit eröffnet dem Kranken die Möglichkeit, sein Haus zu bestellen.** Der Sterbenskranke hat oft noch äußere Dinge zu regeln, familiäre Verhältnisse zu ordnen, Arbeiten abzuschließen und letzte Verfügungen zu treffen. Er bekommt durch die Wahrheitsmitteilung Zeit, schuldvolle Beziehungen zu heilen, Menschen zu vergeben oder Vergebung von ihnen zu erbitten. Er kann seinen Kindern ans Herz legen, wer für wen besonders sorgen soll.

– **Die Patienten ›wissen‹ die Wahrheit sowieso.** *Elisabeth Kübler-Ross* hat die Erfahrung gemacht, daß Sterbende, wenn sie direkt gefragt werden: ›Wie krank sind Sie eigentlich?‹, auch meistens direkt antworten: ›Ich werde nicht mehr gesund.‹ Irgendwie ist der ›Stachel des Todes‹, wenn er einen Menschen einmal getroffen hat, in seiner Seele und in seinem Geist auch präsent, nicht nur im Körper. Auf irgend eine Weise läßt jeder Sterbenskranke erkennen, ›daß er es weiß‹. Wir müssen ihm nur genau und oft zuhören, dann werden wir es auch erfahren. Auch die verdrängte oder nur halb zugelassene Wahrheit findet Wege, um sich zu äußern.

– **Die meisten Menschen wollen ›bewußt‹ sterben.** Ist diese Annahme richtig? Oder wie würden Sie, lieber Leser, liebe Leserin, diese Frage für sich selbst beantworten? Wäre Ihnen ein plötzlicher Herztod ohne jede Vorbereitung lieber als ein bewußt erlebtes Lebensende? Halten Sie die letzte Lebenszeit nicht auch für eine wertvolle Phase, in der ein Mensch sich auf das Überschreiten der Schwelle innerlich vorbereiten kann? Möchten Sie nicht auch Zeit geschenkt bekommen, in der Sie innerlich noch einmal über den Sinn von allem nachdenken und dann auch Ihrem Sterben einen eigenen, persönlichen Sinn verleihen können?

In der Hoffnung, daß die ›Argumente dafür‹ den Leser überzeugen, sind im Folgenden ein paar Gesichtspunkte für den Umgang mit der Wahrheit und der Patientenaufklärung zusammengestellt.

7.4 Regeln für den Umgang mit der Wahrheit

Die **Wahrhaftigkeit** gegenüber dem Sterbenden ist dem Verschweigen oder Verschleiern seiner ernsten Lage *vorzuziehen.*

Begründung: Das Ziel des ärztlichen Handelns ist das Wohl des Kranken, der sich dem Krankenhaus anvertraut hat. Nach Ansicht der meisten Patienten gereicht die objektive Aufklärung über ihren Krankheitszustand zu ihrem Wohl. Der Kranke wünscht die Wahrheit, um den Sinn der nun notwendigen therapeutischen Schritte richtig zu verstehen, um dem Personal der Klinik weiter vertrauen zu können und um die Wirklichkeit seines nun dem Ziel entgegengehenden Lebens richtig zu erfassen.

Aufklärung soll möglichst gewagt werden, darf aber *nicht um jeden Preis* gefordert werden.

Begründung: Aus der Forderung nach Wahrheitsmitteilung darf kein rigoroses Prinzip gemacht werden. Weder kann dem Arzt eine Aufklärungspflicht aufgezwungen werden, noch darf der Patient in dieser Sache sein Selbstbestimmungsrecht einbüßen. Wenn der Kranke die Wahrheit zurückweist, verdrängt oder einen deutlichen Widerstand gegen sie erkennen läßt, darf er nicht weiter – oder nur mit äußerster Vorsicht – damit konfrontiert werden.

Ein Maßstab für Form und Inhalt der Wahrheitsmitteilung ist das **Fassungsvermögen** des Patienten.
Begründung: Jeder Mensch verfügt nur über schwache, menschliche Kräfte. Die Mitteilung über sein bevorstehendes Ende ist die schwerste, mit der er je fertig werden muß. Deshalb hat sich ärztliche Aufklärung um das rechte Verhältnis zwischen Wahrheit und Fassungsvermögen des Patienten zu bemühen. Nur der behutsam an die Wahrheit herangeführte Patient kann die Aufgabe, die er nun zu bewältigen hat, überhaupt verkraften.

Ein anderer Richtungsgeber für den Umgang mit der Wahrheit ist die **Liebe.** *Nackte Richtigkeit ist nicht dasselbe wie helfende Wahrheit.*
Begründung: Verschleierung der Wahrheit ist nicht Liebe, – höchstens Selbstliebe dessen, der sie dem Patienten ›erspart‹. Veröffentlichung der Wahrheit ohne Rücksicht auf die Tragkraft des Patienten ist auch nicht Liebe, – höchstens Fühllosigkeit. Wahrheit gibt es nicht absolut, sondern nur auf eine konkrete Person bezogen. Vermittlung der Wahrheit braucht Liebe zu dieser konkreten Person in ihrer je eigenen Situation. Liebe ist der einzig wirklich benötigte Helfer bei allem Umgang mit Sterbenskranken. Liebe versetzt sich mitfühlend in den andern, der die Mitteilung einer infausten Diagnose verkraften muß. Liebe bleibt auch nachdem ›es‹ gesagt ist, bei dem Patienten und läßt ihn nicht allein. Die Aufklärung über den Zustand des Patienten erfolgt aus dem liebenden Grund, dem andern damit zur Wahrnehmung seiner wirklichen Lage zu verhelfen, und in der liebenden Hoffnung, daß diese Wahrheit ihn freier machen möge.

Ein dritter Helfer beim Sagen der Wahrheit ist das **Achten auf die Zeit,** die der Patient und also auch man selbst dafür braucht.
Begründung: Die Mitteilung der Wahrheit braucht ihre Stunde, ihren rechten Zeitpunkt, und das Aufnehmen und Verkraften der Wahrheit braucht viel Zeit. Damit die Bekanntmachung für den Patienten nicht zu schwer wird, braucht auch der Arzt Zeit, um sich vorzubereiten und auf seinen Patienten hin zu reifen, und Zeit, um anschließend mit dem Patienten in enger Beziehung zu bleiben. Die Kommunikation soll durch Offenheit und mitmenschliche Solidarität geprägt sein. So kann Wahrheit zwischen den beiden entstehen, und der Patient allmählich in seine Wahrheit hineinwachsen. All das ist ein Prozess, der seinen Raum haben will, und der Zeit braucht.

Über die Frage, ob informiert wird oder nicht, *sollten nicht die Angehörigen* entscheiden, sondern in erster Linie der Patient und der Arzt.
Begründung: Angehörige haben oft das Bedürfnis, ihre Kranken zu schonen, umgekehrt schützen auch Sterbenskranke ihre Angehörigen, indem sie verschwei-

gen, was jeder weiß. Ärzte sollten – nach dem Maß der Fassungskraft – Patienten in aller Regel aufklären, auch wenn die Angehörigen nicht damit einverstanden sind. Ärzte können der Familie verdeutlichen, daß es auch für sie besser ist, wenn Ehrlichkeit und Offenheit am Krankenbett herrschen. Die Wahrhaftigkeit, die sich um den Kranken bildet, ist nicht bedrohlich, sondern wird zu einem Mantel der Liebe und des Vertrauens, wenn der Betroffene mit seiner Wahrheit nicht allein gelassen wird.

Im Prozess der Wahrheitsmitteilung *verändert sich die* **Arzt-Patient-Beziehung** in Richtung auf eine seelsorgerliche Begleitung.
Begründung: Wenn der Arzt beginnt, seinem Patienten die Wahrheit über seinen Zustand zu sagen, verändert sich seine Rolle. Er tritt in eine ganz neue Beziehung zum Kranken ein. Aus der Position der Macht kommt er nun auf den Platz der Ohnmacht, aus dem distanzierten Fachmann wird ein mitfühlender Freund, aus dem aktiven Helfer ein mehr passiver Begleiter. Das Gespräch wird wichtiger als die Medizinkunst. Dort, wo der Patient sogar über seine Trauer und Verzweiflung mit dem Arzt sprechen kann, hat er in ihm auch den Seelsorger gefunden.

Die *Einbeziehung der* **Stationsteams** in den Prozess der Aufklärung und Verarbeitung durch den Patienten ist selbstverständlich notwendig.
Begründung: Es ist wichtig, daß der Arzt den Zeitpunkt der Wahrheitsmitteilung mit den Pflegern und Schwestern abstimmt. Dem Hilfe-Charakter der Mitteilung kommt es zugute, wenn das Stations-Team in abgesprochener Weise an dem »Mantel der Wahrhaftigkeit« mitwirkt. Jeder soll dem Patienten, wenn er es braucht und will, in der Trauerphase zum Gespräch zur Verfügung stehen. Oft hat der Kranke eine Schwester oder einen Pfleger seines Vertrauens, denen gegenüber er seine Gefühle in der veränderten Lage ausdrücken kann, Gefühle der Angst und Verlassenheit, Gefühle des Zweifels an Gott und vielleicht auch des neuen Gottvertrauens.

Das Mitteilen der Wahrheit *kostet* die Beteiligten **innere Kraft** und verlangt eine eigene Einstellung zum Tod.
Begründung: Wer die Wahrheit mitteilt, muß selber Angst überwinden und sich mit Hilflosigkeit und Ohnmacht vertraut machen. Derjenige, der dem Gespräch über den Tod nicht aus dem Weg geht, muß eine Einstellung zur eigenen Vergänglichkeit gefunden haben. Der Tod, den wir meistens aus unserem Leben herausdrängen, wird ja auch unserer Existenz ein Ende setzen. Können wir uns öffnen hin zu unserer Vergänglichkeit und Endlichkeit? Können wir uns in die Lage des Kranken versetzen, der vielleicht bald nicht mehr dasein wird? Haben wir die Kraft, uns ihm zuzuwenden und bei ihm zu bleiben, auch wenn es furchtbar traurig sein wird, – so als wären wir selbst die Betroffenen?

Alles Reden (und Schweigen) am Krankenbett dient der Aufgabe, dem Sterbenden zu helfen, sein **Leben menschlich zu vollenden.**
Begründung: Wer dem Menschen leben hilft, wird ihm auch sterben helfen. Jegliches Tun des Arztes am Bett des Schwerkranken steht im Zusammenhang

dieser mitmenschlichen Hilfe im Übergang vom Leben zum Tod. Was das Gespräch betrifft, so ist es unsere Aufgabe, dem Sterbenden so beizustehen, daß die Kommunikation über die ihm geltende Wahrheit ihn stärkt, sein Leben zu beschließen und sein Sterben zu vollbringen, wie es eines Menschen würdig ist.

7.5 Mitteilung der Wahrheit als Hilfe zum Sterben

Wenn es in unserer Welt des technisierten Sterbens auch fast unmöglich scheint, das Ideal zu verwirklichen, von dem hier gesprochen wurde (»das Leben beschließen und das Sterben vollbringen, wie es eines Menschen würdig ist«), so möchte ich es doch versuchen, über die Hilfe zu einem menschlichen Sterben nachzusinnen. Dabei greife ich zurück auf Gedanken von *E. Ansohn* und *F. Rest*.
Der Sterbenskranke hat ein Recht darauf, sein Leben würdig zu Ende zu bringen und das heißt auch einem Ziel entgegenzuführen, so, wie es sich seiner Seele in innerer Erkenntnis eröffnet. Auf dem Weg zu dem Ziel soll er seinen ihm auferlegten Tod als seine letzte, größte Aufgabe übernehmen und annehmen lernen. Die Zeit bis zum Ende soll er nützen dürfen zur Vollendung dessen, was sich bei ihm noch vollenden kann: z. B.

- zum *persönlichen Wachstum* und zur *menschlichen Reifung;*
- zum *bewußten Leben* in der Welt und zur größeren *Freiheit* von der Welt;
- zur *Bereinigung von Schuld* und zur *Begegnung mit seinem Schöpfer.*

Die Wahrheitsmitteilung kann das menschliche Wesen so verwandeln, daß der Blick nun frei wird für das Wesentliche: Warum sterbe gerade ich? Wozu und wohinaus sterbe ich? Was war, was ist das für ein Leben, das meines ist und war? Wer bin ich und wer ist Gott? Der Patient, der diese Fragen stellt, kann vielleicht in der letzten Phase noch wesentliche innere Antworten finden.
Zur Wahrheitsmitteilung gehört es, daß der ärztliche oder pflegerische Gesprächspartner dem Patienten noch Gestaltungsmöglichkeiten eröffnet. Der Sterbende soll immer noch etwas Offenes vor sich haben, in das hinein er sich entfalten kann. Der Wahrheitsmitteilung eng verbunden soll auch die Bemühung sein, dem Patienten Hoffnung zu geben, daß er noch Zeit hat und aus ihr machen kann, was ihm noch möglich ist (nur die falsche Hoffnung, die durch die Realität enttäuscht wird, beendet Leben vor dem Tod). Vielleicht kann man aus dem Glauben heraus auch die Hoffnung vermitteln, daß »irgendwie alles gut werden wird«, daß etwas von der Person des Sterbenskranken Fortbestand hat, und daß er sich löst, um in das Licht der Liebe Gottes zu gehen.

Literatur:

Eugen Ansohn: Die Wahrheit am Krankenbett, Hamburg 1975.
Barney G. Glaser/Anselm Strauß: Interaktion mit Sterbenden, Göttingen 1974.
Franco Rest: Sterbebeistand – Sterbebegleitung – Sterbegeleit Stuttgart 1989.
Anne-Marie Tausch: Gespräche gegen die Angst, Hamburg 1989.

8 Seelsorgerliche Aufgaben im Umgang mit Schwerkranken und Sterbenden

8.1 Schwester und Pfleger in ihrem schwersten Amt

Manche(r) Leser(in) dieses Buchs mag noch nicht zwanzig Jahre alt sein. Der Tod bedeutet für ihn/sie etwas ganz anderes als etwa für mich, den Verfasser, der 46 Jahre alt ist. Ihm/ihr erscheint er als eine unendlich weit entfernte, aber auch furchtbar unheimliche Bedrohung. Mir erscheint der Tod als nicht mehr so weit weg und auch nicht mehr ganz so bedrohlich. Meine Angst vor dem Tod ist durch das Ältergewordensein, aber wohl auch durch viele in Erfüllung gegangene Lebenswünsche geringer geworden. Außerdem habe ich das besondere Glück (!), als Krankenhaus- und Gemeindepfarrer immer wieder an Sterbebetten stehen zu können. Dieser Platz ist ein Ort, an dem ich mich einüben konnte in mein eigenes Sterbenmüssen. Von den Sterbenden habe ich auch immer wieder Kostbares empfangen, menschlich und religiös. Menschen an der Schwelle zum Tod sagen nur noch das wirklich Wesentliche, und das hat dann große Bedeutung. Und nur noch das, was sie wirklich glauben, – dies ist für den Gesprächspartner besonders tröstlich und glaubenstärkend. Ich habe in den meisten Fällen keine Angst mehr, zu Sterbenden zu gehen (Ausnahme: sie sind jung), weiß aber, daß das früher anders war. Auch mich als Krankenhausseelsorger lähmte anfangs die Angst vor dem Sterben des Sterbenden so, daß ich fast kein Wort sagen konnte. Heute ist mir bewußt, daß es *meine* Todesangst war, die mich behinderte, nicht – wie ich dachte – die Angst der Sterbenden. Und heute weiß ich, daß im Sterben liegende Menschen ihre Angst meist längst hinter sich haben.

Schwestern und Pfleger müssen fast täglich mit Schwerkrankheit, Tod und Sterben umgehen. Für sie alle ist das wohl die belastendste Seite ihres Berufs und ihrer Arbeit. Weil der Tod in normalen Kliniken so oft seine Ernte hält, wird der Umgang mit den Sterbenden für viele eine zu große Bedrückung – oder aber vielleicht eine Routine, eine ›Sache‹, gegen die sie sich psychisch abzuschirmen lernten. Die Pflegeperson, die am Anfang ihrer Berufslaufbahn steht, hat wohl vor allem Angst, daß ›ihr‹ in ihrer Schicht jemand wegsterben könnte. Dazu die Worte der 30jährigen Schwester Maria R.*:

»Schlimm waren auch die Nachtwachen. Da hatte ich richtig Angst. Ich hatte oft das Gefühl, daß jetzt gerade im Zimmer soundso einem Patienten etwas passiert ist. Daß er

* *Annelie Runge,* Angst am Arbeitsplatz, Stuttgart 1990, S. 23.

Blutungen bekommen hat und verblutet im Bett liegt ... Ich war immer froh, wenn morgens alle Patienten noch lebten. Es ist eigentlich ungeheuerlich, was man da nachts für sich alleine für eine Verantwortung hat ... Ich träume immer noch von diesen Nachtwachen.«

Die Schwester beschreibt hier die Angst ihrer ersten Jahre. Es ist die Angst an einem hoch verantwortungsvollen Arbeitsplatz mit dauernden Spannungssituationen. Aber es ist darüber hinaus auch die Angst vor dem Tod selbst. Er wird hier nicht als das natürliche Lebensende gesehen, sondern als eine *Krankenhaus-Katastrophe*, die man auf jeden Fall vermeiden und verhindern möchte. Erst später kann man es geschehen lassen, daß in der Station wöchentlich Menschen sterben. In den Anfangsjahren aber ist die Angst vor dem Tod ein stark bedrängender Begleiter der täglichen Arbeit. Wie soll man damit fertig werden? Wie kann man lernen, Sterbenden mit innerer Ruhe beizustehen, und wie kann man dann noch Kraft übrig behalten, um auch noch den andern Patienten gerecht zu werden?

*Franco Rest** schlägt den Krankenpflegeschülern folgende Übungen vor, mit denen man sich ins eigene Sterben einüben kann, um dann angstfreier auf fremdes Sterben zugehen zu können:

- Selbstgespräche: Ich bin sterblich; eines Tages bin ich tot ...
- Lebensrückschau: Das war mein Leben, das war ich ...
- Atemübung: Atme und denke, einer der Atemzüge könnte dein letzter sein ...
- Sprich mit einem Partner darüber: »Was würdest du mit mir tun, wenn du wüßtest, daß du bald sterben mußt?«
- Ein Rollenspiel zu zweit: Einer ist der Schwerstkranke, der sich mit dir darüber unterhält, daß er nicht mehr lang leben wird.

Eine sehr wertvolle Hilfe ist auch das Buch von *Anne-Marie Tausch*, Gespräche gegen die Angst (rororo Nr. 8375), in welchem an Krebs schwer erkrankte Menschen ihre Erfahrungen aussprechen, vor allem wie sie lernten, die Todesangst zu überwinden. Auch Helfer der Kranken in Familie, Arztpraxis und Krankenhaus kommen zu Wort, die gelernt haben, offen mit den Erkrankten über ihr Schicksal zu sprechen.

Gleichfalls zu empfehlen ist das Buch der Tochter der inzwischen verstorbenen *Anne-Marie Tausch: Daniela Tausch/Helmut Beutel*, Sterben – eine Zeit des Lebens (Stuttgart 1989) hier vor allem der Beitrag von *Reinhard Tausch:* »Wie können wir angstfreier mit Tod und Sterben umgehen?« (S. 23 ff.), in dem der Verfasser ausführt, daß es wichtig ist, seine eigene Angst zuzulassen und darüber zu sprechen, und möglich, durch günstige Erfahrungen bei der Begleitung Sterbender seine Angst allmählich zu überwinden.

Dennoch muß gesagt werden: Sterben und Tod im Krankenhaus kann man niemals ›in den Griff kriegen‹. Jeder einzelne Tod ist so unvorhersehbar in seinem Kommen und so ganz anders in seinem Wirken, daß es fast unmöglich ist, sich dafür eine berufliche Sicherheit zu verschaffen. Dazu kommt: Es gibt nicht mehr oft jenes ›natürliche Sterben‹ im Krankenhaus, das man von Schilderungen der

---

* Sterbebeistand, Sterbebegleitung, Sterbegeleit, S. 82.

Alten kennt (Vorherfühlen des Endes, friedlicher Abschied von den Angehörigen, Einschlafen). Die Medizin verlängert jetzt unser Leben in den meisten Fällen in solchem Maß, daß man fast sagen kann: Wir sind der Möglichkeit, natürlich zu sterben, weitgehend beraubt. Oft tritt der Tod erst dann ein, wenn der Mensch nur noch eine bis zum Äußersten therapierte Ruine ist. Er erlebt sein Sterben nicht mehr bewußt, sondern dämmert in den Tod hinüber oder darf nach langer Bewußtlosigkeit in der Intensivstation schließlich sein Ende finden. Das mechanisierte, chemisierte, computerisierte Sterben im Krankenhaus ist die dunkle Rückseite der ungeheuren medizinischen Fortschritte unserer Zeit. Wenn es den Pflegenden gelingt, in dieser Lage doch noch *ein Stück Menschlichkeit, Natürlichkeit und Würde für die Sterbenden zu erkämpfen,* die ihnen anvertraut sind, dann erweisen sie ihren Kranken und unserer Gesellschaft einen unschätzbaren Dienst.

8.2 Seelische Dimension des Sterbens

Die Phasen des Sterbens

Wenn wir von den plötzlich Sterbenden absehen und auch die chronisch Kranken, die sehr langsam sterben, hier unberücksichtigt lassen, konzentriert sich unsere Aufmerksamkeit auf die Tumorkranken, deren psychische Reaktion auf das bevorstehende Sterbeschicksal in folgenden Phasen verlaufen kann (vorausgesetzt, sie sind informiert):

- Verleugnung, Nichtwahrhabenwollen
- Aufbegehren, Sich Aufbäumen
- Verhandeln, um Lebenszeit schachern
- Resignieren, in Depression fallen
- Annehmen, Zustimmen.

Doch was wissen wir, wenn wir diese von *Elisabeth Kübler-Roß* beschriebenen Phasen kennen? Vor allem dies, daß es möglich ist, Patienten in einer dieser Phasen anzutreffen. Was wir nach wie vor nicht wissen, ist, ob jeder wissende Sterbenskranke diese Stufen durchlaufen wird. Wir können auch nicht damit rechnen, daß die fünf Stufen regelmäßig in dieser Abfolge durchlaufen werden. Vielmehr werden Patienten vorwärts und rückwärts durch die Phasen gehen, manche Stufe wiederholen, eine andere nicht erleben, oder gelegentlich bis zum Schluß in einer Phase verharren, ohne in eine zweite einzutreten.

Was wohl besonders schwierig ist: der *Umgang mit der Verleugnung*. Sie ist eine unbewußte Reaktion, die also mit einem Appell an die bewußte Ebene gar nicht beeinflußt werden kann. Der Kranke ›versteht‹ nicht, was man über sein Sterbenmüssen zu ihm sagt, er überhört es, filtert es aus. So schützt ihn seine ›Seele‹ vor der Erkenntnis, die ihn überwältigen würde.

Was besonders wehtut: der *Umgang mit dem Ärger und der Auflehnung*. In Ermangelung des wirklich gemeinten Gegenübers – der Tod kommt nicht persönlich ins Zimmer – richtet der Kranke seine Aggression oft gegen Pflegekräfte, Ärzte und andere Menschen, die irgendwie an seiner Misere und an deren Endgültigkeit schuld sein könnten.

Was besonders wichtig ist: es trifft die Umwelt schmerzlich, die *Phase der Depression* mitzuerleben; doch in ihr darf der Sterbenskranke nicht gestört werden. Er sucht Einsamkeit, um zu trauern, weil er ganz allein seinen Tod erleiden muß. Niemand anders kann hier für ihn eintreten. Das Sich-Verschließen gegen jedermann, das abgewandte, untröstliche Trauern mit der Decke über dem Kopf, ist eins der Rechte, die zum menschlichen Sterben gehören.
Was nicht vergessen werden darf: Die fünf Phasen können spiegelbildlich auch bei den *Angehörigen* vorkommen. Es ist gut, wenn wir darauf gefaßt sind, sie auch da zu erleben, und es hilft uns, einfühlsam mit den Betroffenen umzugehen, wenn wir ein Vorverständnis von den seelischen Prozessen haben, die den Verlust eines Menschen begleiten.

Was wissen die Sterbenden wirklich?
An den Sterbenden kann man besonders gut die drei Ebenen des Wissens unterscheiden lernen: Wissen im Bewußtsein, im Unterbewußtsein und im Unbewußten. Auf einer der drei Ebenen ›weiß‹ der Kranke, wie es um ihn steht, das scheint gesichert: wenn nicht im Ich-Bewußtsein, dann ›weiter unten‹ bzw. ›weiter innen‹. Von dort kommt freilich nur sehr indirekt ans Tageslicht, was dem Kranken bewußt ist, und es braucht eine gute Schule des Gehörs und der Krankenbeobachtung, um die manchmal verschlüsselten Mitteilungen vom bevorstehenden Tod zu empfangen. Oft trifft man eine widersprüchliche Mischung von gleichzeitigem Wissen und Nichtwissen, von angenommener und abgespalten-verdrängter Kenntnis, von realistischem Umgang mit der Situation und ganz unrealistischen Zukunftshoffnungen. Mit dem einen Teil der Seele weiß der Kranke, daß er nicht mehr viel Zeit hat, mit dem andern kann er das weder denken noch akzeptieren und redet deshalb so, als ginge es so weiter wie immer. Das Wissen spielt sich also auf verschiedenen Ebenen ab, und auch der vom Arzt aufgeklärte Kranke kann nur über so viel Bewußtseins-Wissen verfügen, wie sein Unbewußtes, die Steuerzentrale für die Erhaltung des inneren Lebens, ihm erlaubt.

Die Sprache der Sterbenden
Sie können in sehr bildhaft-symbolischer Weise von ihrem Schicksal sprechen und die Mitteilung über ihren Weg zum Tod in vielerlei Weise verschlüsseln. Manche müssen Koffer packen, denn sie ›planen eine Reise‹, andere sorgen sich, ob sie genug ›Kohlen haben, um durch den Winter zu kommen‹. Jemand sieht ein unsichtbares ›Buch auf dem Tisch, in dem jetzt nur noch eine Seite ist‹, ein anderer freut sich auf den Gang mit dem Arzt, obwohl er nicht mehr aufstehen wird: »Nächste Woche geht er mit mir spazieren, ganz weit, nächste Woche oder bald«. Vielleicht sind es hauptsächlich die Nicht-Aufgeklärten, die am Schluß das auf sie Zukommende in solche Bilder hüllen. Darin setzt sich das tiefere Wissen gegen das oberbewußte Nichtwissen symbolhaft durch. Freilich kann auch Bewußtseinsstörung durch körperliche Schwäche die Ursache für solche Sprachformen sein, welche uns an die sehr sinnreiche Bildsprache der Träume erinnern. Eine Patientin sagt: »Ich sehe lauter bunte Kugeln, in die ich mich verwandle, dann eine Tür, durch die ich gehe, und dahinter den großen Stein; und wenn ich

den geschafft habe, treffe ich diese Leute, die sagen: So, jetzt bist du bei uns«. Ein Patient sagt: »Ich schaue vom Himmel herab in meinen Garten. Es ist so schön, wie die Sachen wachsen. Da ist ein Same, so ein kleines Korn, und dann wird eine Blume daraus, groß und schön.«
Viele Patienten drücken sich in ›doppelten Botschaften‹ aus: »Ich hoffe, daß es endlich bald anders mit mir wird« (wie anders?); »Ich denke, nächste Woche werde ich heimgehen« (in welches Nachhause?); »Wenn das hier überstanden ist, werde ich hoffentlich meine Ruhe haben« (welche Ruhe?). »Einmal hört das alles auf« (was hört auf?). Auch an diesen Ausdrücken kann man das paradoxe Zugleich von Wissen und Nichtwissen, von Annehmen und Verleugnen beobachten.

Aufgaben der Sterbenden
Sie müssen alles aufgeben, was sie geliebt haben, müssen sich lösen und freimachen von Menschen, Dingen, von der Natur und von der ganzen Welt. Sie trauern über den Verlust des Denkens, Fühlens und Erinnerns, der ganzen eigenen Existenz.
Sie müssen mit ihrer Angst fertigwerden: vor der Vereinsamung und der sozialen Ausgliederung, vor dem Siechtum und den Beschwerden und Schmerzen des letzten Lebensabschnitts, vor der Vernichtung und dem unwiederbringlichen Ende all dessen, was man ist und war.
Sie müssen eine Beziehung zum eigenen Sterben finden, einen Zugang zu dieser letzten großen Aufgabe entdecken, diese Aufgabe in Angriff nehmen, bearbeiten und in ihr reifen. In der Stille wächst dann die Bereitschaft, den Tod zu akzeptieren und das Ende auf sich zu nehmen. Die Angst macht einem inneren Frieden Platz.

8.3 Seelsorgerliche Bedürfnisse der Sterbenden

Wenn man nach diesen Bedürfnissen fragt, kommt man bald zu einer schlichten Antwort: Die Sterbenden brauchen das, was alle Kranken brauchen, – nur noch intensiver. Sie brauchen im Prozeß ihres Sterbens immer noch ärztliche Hilfe, aber dazuhin (und noch viel mehr als vorher) die menschlich-freundschaftliche Begleitung des Arztes; ebenso von den Pflegenden viel pflegerische Hilfe, aber dazuhin noch besonders viel menschlich-seelsorgerlichen Beistand.

Bedürfnis nach Nähe: Familien, die einen sterbenden Angehörigen haben, machen es spontan richtig: Sie kommen und sind um ihn und bleiben da, so lang es geht. Sie wollen in engem Kontakt mit ihm sein und ihm Nähe schenken, damit er sich nie einsam fühlt. Jeden Wunsch möchten sie ihm erfüllen und für alle Gedanken aufmerksam sein, die er jetzt noch äußert. Auch Schwestern und Pfleger lernen, Nähe zu geben, die über Verrichtungen hinausgeht. Ins Zimmer der Sterbenskranken sollen sie gehen ›einfach so‹, nur um der menschlichen Beziehung willen. Leider verringert sich die Zahl der Türöffnungen im Zimmer des Sterbenskranken signifikant gegenüber der Zahl der Türöffnungen in anderen Zimmern. Pflegende haben aber gerade dort, wo sie kaum mehr etwas machen können, eine wichtige seelsorgerliche Aufgabe, sowohl für den Sterbenden als auch für dessen Angehörige. Sie alle sind schwach und sehnen sich nach Nähe und Zuwendung.

Bedürfnis nach Sicherheit: Die Nähe schenkenden Angehörigen vergewissern sich, daß der Sterbende alles bekommt, was er noch braucht, und daß alles für ihn getan wird, was noch getan werden kann. Im Gegensatz zu diesem Bedürfnis kann man im Krankenhaus manchmal beobachten, daß die ärztliche Betreuung des Sterbenden eher nachläßt. Nicht die Weiterbehandlung um jeden Preis ist vonnöten, sondern die optimale, Sicherheit verleihende palliative Versorgung bis zum Schluß. Ärzte und Pflegende sollen sich Zeit nehmen, um sich zu vergewissern, daß alles geschieht, was das Wohlbefinden des Kranken mehrt und sein Sterben erleichtert. Auch aus diesem Grund ist die aufmerksame ›bloße Gegenwärtigkeit‹ der Pflegenden im Zimmer der Kranken eine Wohltat.

Bedürfnis nach Achtung: Der Sterbende ist eine volle Persönlichkeit, die bis zuletzt mit Respekt und individuell geprägter Aufmerksamkeit behandelt sein will. So fühlt er sich geborgen und geliebt; so bewahrt er seine Eigenheit, Selbstachtung und Würde. Achtung kann z. B. bedeuten, daß man sich viel Zeit nimmt, bis man verstanden hat, was ein Sterbenskranker, der kaum mehr sprechen kann, jetzt noch mitteilen will. Oder daß man einen Patienten, der in der Intensivstation hilflos an Geräten hängt, immer persönlich anspricht, wenn man etwas an ihm tut, auch wenn er nicht antworten kann, ja, manchmal nicht einmal bei Bewußtsein zu sein scheint. Würde schenken, das kann so geschehen, daß man einen Sterbenden so oft wie möglich noch mitentscheiden läßt, auch wenn er kaum noch entscheidungsfähig zu sein scheint. Oder kann heißen, daß man an ihn denkt nicht als einen ›existierenden Fall‹ oder eine ›ablebende Masse‹, sondern als an ein von Gott mit Namen gerufenes und geliebtes Geschöpf.

Bedürfnis nach Liebe: Die Nähe der begleitenden Personen findet als Liebe ihre Gestalt und ihr Ziel. Aufmerksamkeit und Einfühlung, Annahme und Verständnis, Zuwendung und Zärtlichkeit, Ruhe und Geduld, Aufrichtigkeit und Ehrlichkeit, Freundschaft und Güte: Der Sterbende braucht all dies besonders, obwohl er aus der Gemeinschaft fortgeht. *Franco Rest**: »Besser der Sterbende wird geliebt, als daß er die richtige Medizin bekommt. Es ist ja etwas vom Bewegendsten, daß man als Angehöriger und Betreuer meist noch viel mehr Liebe und Fürsorge von seiten des Sterbenskranken empfangen darf, als man ihm selber geben kann.

Bedürfnis nach spirituellem Geleit: In ganz verschiedener Form brauchen Sterbende auch seelsorgerlich-geistliche Hilfe. Schwestern und Pfleger können heute oft nicht mehr, wie früher die Diakonissen und Nonnen, Gebete, Lieder und Bibeltexte vorlesen. Was sie aber tun können, wenn sich die Gelegenheit ergibt und der Patient es zu wünschen scheint, ist das freie Beten. Wenn der Mensch, der an der Grenze steht, sich überschreiten und sein Leben in die Hand der jenseitigen Macht legen kann, dann wird ihm eine unschätzbare Hilfe zuteil. An Betten von Sterbenskranken zu beten, wirkt auch auf Angehörige erleichternd, stärkend und tröstend.

8.4 »Schwester, muß ich sterben?« – »Pfleger, warum darf ich nicht sterben?!«

Das ist die Frage, vor der sich viele am meisten fürchten. Hat jemand sie tatsächlich schon erlebt? In der Phase der Unsicherheit kann ein Patient sich vielleicht unvermittelt so äußern: »Schwester, muß ich sterben?«
»Die Zweifel des Patienten gegenüber einem positiven Verlauf nehmen zu. Sein Gemütszustand schwankt zwischen Hoffnung und Genesungserwartung und Momenten der Angst und Traurigkeit. Er hat das Bedürfnis nach einem Gesprächspartner, der seine Sorgen, Befürchtungen ernstnimmt. Meist wendet er sich mit seinen Fragen z. B. an eine *Krankenpflegeschülerin* (Hervorhebung von mir), hofft er doch insgeheim, daß seine Befürchtungen nicht schwerwiegend genug seien, um dafür das kompetente Urteil eines Arztes einzuholen.*
Wie sollte man *nicht* Angst bekommen, wenn man mit einer solchen Frage konfrontiert wird. Wie sollte man *nicht* um die Antwort verlegen sein, wenn man sie entweder nicht weiß oder, falls man doch etwas weiß, es nicht sagen will? Mögliche Reaktionen auf diese schwere Frage, die wie ein Blattschuß direkt ins Herz des Gefragten treffen kann:
»Das müssen Sie den Arzt fragen!«—»Soll ich den Seelsorger zu Ihnen rufen?«—»Wie können Sie so etwas sagen? Natürlich werden Sie nicht sterben!«—»Geht es Ihnen ziemlich schlecht, so daß Sie sich die Frage stellen, ob Sie das überhaupt überleben werden?« Die ersten drei Antworten können sicher von jedem Leser als problematisch erkannt werden: sie sind ablenkend oder panisch oder zurückweisend. Mit der letzten Antwort, die auf jeden Fall vorzuziehen ist, hat man Zeit gewonnen, um das Gespräch aus der fatalen Zuspitzung herauszuführen. Es ist eine Spiegelantwort, die auf die Frage des Patienten keine Antwort gibt (diese Frage kann man ja meistens auch nicht mit Ja oder Nein beantworten), und die stattdessen dem Patienten Raum gibt, noch deutlicher zu sagen, was ihn bewegt. So kommt man miteinander aus dem ersten Schock zu einem seelsorgerlichen Gesprächskontakt. Der Patient kann seine Sorgen und Nöte aussprechen, und die Schwester muß nicht länger wie festgenagelt an der schrecklich schweren Frage hängen bleiben.
Wie ist es mit dem anderen ›schweren Angriff‹: »Pfleger, warum darf ich nicht sterben?!« Diese Frage wird wohl sehr viel häufiger gestellt als die vorige, vor allem auch von älteren Menschen, die ihrem natürlichen Lebensende entgegengehen. Obwohl es sich hier um die weniger bedrohliche Frage handelt, wird sie doch von vielen Schwestern und Pflegern sozusagen ›nicht genehmigt‹. Im Kranken-

* *Abermeth,* Ethische Grundfragen in der Krankenpflege, Göttingen 1989, S. 152.

haus darf man nur gesund werden, nicht sterben, sterben steht dem Behandlungsziel entgegen! Deshalb reagiert man auf die Frage so: »Ach, wer wird denn schon sterben, das hat doch noch Zeit!« »Wir wollen Sie doch gesund machen, ans Sterben denken wir jetzt nicht!« »Soll ich Sie vielleicht umbetten, brauchen Sie ein Schmerzmittel?« »Sehen Sie, wie schön draußen die Sonne scheint!« »Heute nachmittag kommen Ihre Kinder wieder, das wird Sie aufmuntern!«
Die ersten Antworten bagatellisieren das Gefühl des Patienten und wischen sein Anliegen weg, die zweiten lenken den Patienten ab, indem sie seine Worte einfach überhören. Der Patient, der sich solcherart mißachtet oder abgespeist findet, fühlt sich dadurch wohl eher noch verlassener. Sein Wunsch, sterben zu dürfen, ist in den meisten Fällen, – wenn man sich nur in den andern hineinversetzt –, einfühlbar und verständlich. Warum ist es so schwer, diesen ganz natürlichen, menschlichen Wunsch zuzulassen und darauf einzugehen? Weil man, wie so oft, im Grunde vor dem eigenen Tod Angst hat und jeden Gedanken an den Tod abwehren muß. *Franco Rest*:* »Je unbewältigter die eigene Sterblichkeit des Helfers, desto oberflächlicher sein Beistand« (a. a. O. S. 55).
Warum kann man das Anliegen des sterbenskranken Patienten nicht erlauben und vielleicht so darauf reagieren?: »Ihnen geht es so schlecht, nicht wahr, ein solches Leben erscheint Ihnen nicht mehr lebenswert!« – »Wenn nur alles vorüber wäre! Ja, das kann ich schon ein bißchen verstehen, daß Sie sich nach dem Ende sehnen!« – »Jetzt sind Sie ganz verzweifelt und wollen am liebsten sterben! Wenn doch noch ein anderer Tag käme, an dem Sie wieder ein bißchen Hoffnung schöpfen könnten!«
Der Wunsch, sterben zu dürfen, entspringt meist tiefem Leid und echter Erschöpfung am Lebensende. Er ist rechtlich erlaubt, in vielen Fällen verständlich und – etwas ganz Menschliches. Gerade weil die Medizin den Tod in unserer reichen Gesellschaft immer weiter hinausschiebt, wird der Wunsch nach Erlösung immer häufiger aus den Krankenbetten zu hören sein.

8.5 Sterbebeistand durch Pflegekräfte

Schwestern und Pfleger nehmen *im Sterbegeschehen eine zentrale und äußerst wichtige Stellung* ein. Sie sind da, wenden sich zu, tun alles Menschenmögliche, kümmern sich um die Angehörigen und schaffen die Atmosphäre der Geborgenheit, in der man auch im Krankenhaus menschlich sterben kann. Wenn sie auch keine langen Gespräche mit den Betroffenen führen können, ist es ihnen doch möglich, immer wieder durch kurze Besuche und einfühlsame Bemerkungen die Menschen im Sterbezimmer zu begleiten. Im Lauf der Jahre haben sie so weit gelernt, ihre Angst loszulassen, daß sie das Sterben auch »erlauben« und das Sprechen darüber selber praktizieren können.

* Sterbebeistand, Sterbebegleitung, Sterbegeleit, Stuttgart 1989, S. 84ff.

Gespräche mit

– Einige Ziele der Sterbebegleitung

Die Einfühlung in den Sterbenden. Wenn wir uns genügend mit dem eigenen Sterbenmüssen auseinandergesetzt haben oder auch fremdes Sterben immer wieder begleiten konnten, werden wir allmählich immer weniger in Gefahr sein, uns Sterbenden gegenüber falsch zu verhalten. Wir können uns dann besser einfühlen in das, was der Kranke spürt (z. B.: ist er traurig, einsam, sehnt er sich nach etwas, ist er unruhig oder mit seinem Los versöhnt?), und verstehen, was er vielleicht noch ausdrücken möchte. Es ist für den Sterbenskranken schön, wenn er auch in den Pflegenden, nicht nur in den Angehörigen, Begleiter hat, die sich in seine seelische Welt einfühlen und ihn so unterstützen können.

Dem Sterbenden ein Freund werden. Eine(r) aus dem Stationsteam sollte ausgewählt werden, oder eine(r) sich jeweils bereiterklären, dem Sterbenden persönlich beizustehen. Gerade für diese Patienten ist ein Individualpflegesystem hilfreich, damit sie in der stillen Zeit ihres Sterbens nicht zu viel Unruhe am Bett erleben. Je stetiger der ›Freund‹, die ›Freundin‹ sich für den Patienten zur Verfügung stellen kann, umso intensiver wird die Beziehung. Seelsorge an Sterbenden, das heißt, dem Kranken ein liebevoller Beistand werden, der sagt: Ich bin für dich da, wenn du mich brauchst. *Franco Rest* beschreibt als Freundschaftsdienste: dabei sein (auch ohne Aktivität), zuhören, streicheln, beten, singen, aufmerksam sein für alles, was der Kranke fühlt oder sagen möchte (a. a. O. S. 150).

Bereit sein, ein Gespräch zu führen. Das Innerste unserer Begleitaufgabe ist die Kommunikation, die Beziehung durch Worte, das Gespräch auf verbaler und nonverbaler Ebene. Genau das wird aber auch als das schwierigste empfunden: *Hilde-Dore Abermeth** faßt die Not des Helfers am Bett der Sterbenden so in Worte: »Ich empfinde alles als armselig, was ich ihnen sage; ich kann mich nicht in ihre Situation hineinversetzen, sie sind mir wie Fremde; sie tun mir so leid, ich sterbe fast immer mit; ich weiß nie, was sie schon ›wissen‹, daher weiß ich auch nicht, was ich ihnen sagen ›darf‹. Der erste Satz ist wohl der Wichtigste: Man verstummt, weil man nicht weiß, was man sagen soll; man möchte etwas Tröstliches sagen, aber alles kommt einem so nichtswürdig vor; aus lauter Not, das passende Wort nicht zu finden, zieht man es vor, den Kontakt mit dem Sterbenden lieber zu meiden. Was hilft in dieser großen Not?

Das einzige ›Gegenmittel‹: *Ruhe gewinnen in der Stille am Krankenbett;* sich entspannen und dadurch allmählich von der Vorstellung wegkommen, man *müßte* handeln, helfen, heilen, trösten usw.; sich Zeit nehmen, um zu fühlen, was in dem Sterbenden zum gegebenen Moment vorgeht; das Agieren unterlassen und lernen, sich auf das Reagieren zu beschränken. Wie? Das ergibt sich, wenn man eine Zeitlang schweigend beim Kranken war und ihn betrachtet und erlebt hat. Am Krankenbett ist Kommunikation vonnöten, damit der Sterbende sich nicht einsam und verlassen fühlt. Wir dürfen dabei aber Fehler machen und brauchen

* Patientenzentrierte Krankenpflege, Göttingen 1987[4], S. 133 f.

nicht danach zu streben, der ›Lage voll gerecht zu werden‹. Wenn wir nur da sind und es an Beziehung nicht fehlen lassen! Wir merken dann: der Sterbende geht uns voraus und verhilft uns zur Sprache, – am Ende werden wir die Getrösteten sein.

Beistand geben ohne Worte. Sehr viel mehr als bei den andern Kranken verläuft der Kontakt nun auf der nonverbalen Ebene. Wir können oft wenig sprechen, weil auch der Kranke nicht mehr viel sagen kann. Doch unsere Zuwendung können wir ihn auf so viele Weise wortlos spüren lassen: Durch Blick und Geste, durch Ausdruck der Hände und durch viele Zeichen, mit denen wir ihm bedeuten, daß er uns wichtig ist. Kommunikation ist hier natürlich auch aktiv, nicht nur reagierend. Aber an erster Stelle steht, daß wir die sprachlose Sprache des Patienten mit aller Anstrengung unserer Seele aufzunehmen und daraus seine Gefühle und Bedürfnisse richtig abzulesen versuchen.

Den Sterbenden freilassen und in die Freiheit führen. In der letzten Lebenszeit ist alles Zwanghafte zu vermeiden, z.B. die vermeintliche Pflicht, für den Schwerkranken noch so etwas wie seinen Lebenssinn einfangen zu müssen, ihn zur Buße oder Bekehrung bringen zu müssen, ihm den Glauben als einzige Rettung vor Augen zu halten, ihm zu sagen, wie man sich verhalten soll, wenn man Abschied nimmt usw. Im Gegensatz zu solchem Verhalten ist Sterbegeleit die Hilfe zu einem persönlich geprägten Sterben, dessen Form und Weg der Sterbende am besten allein bestimmen und finden kann.
In der Achtung und Liebe dem Schwerkranken gegenüber ist Freilassung ja schon immer enthalten. In die Freiheit führen heißt: Die Schritte mitgehen, die der Sterbende selber geht, ihn dabei an der Hand nehmen und ihm helfen, so sein und werden zu können, wie es ihm gemäß ist.

8.6 Die Betreuung Sterbender in einer anthroposophischen Klinik*

Wie können Schwestern und Pfleger noch intensivere Erfahrungen in der Begleitung Sterbender sammeln? Weil es mit Hospizen (Kliniken der palliativen Medizin für Sterbende) in Deutschland erst wenig Erfahrung gibt, sei hier das Beispiel einer anthroposophischen Klinik erwähnt, des *Krankenhauses Öschelbronn* bei Pforzheim, Klinik für Innere Medizin mit dem Schwerpunkt Karzinomtherapie. Das Konzept der Klinik unterscheidet sich in vieler Hinsicht:
Man versucht dort, die Behandlung auf das Individuelle jedes einzelnen Patienten einzustellen und besonders dem Schwerkranken als leiblich-geistig-seelischem Wesen gerechtzuwerden. Auch dann, wenn medizinisch nichts mehr zu machen ist, möchte man sich weiter heilend um den Patienten bemühen. Der anthroposophische Hintergrund: das menschliche Leben wird als Vorstufe zu einem

---

* (Dieser Bericht über die Klinik Öschelbronn fußt auf der Dissertation von *Thomas Scheffel:* ›Die Versorgung sterbender Patienten im Krankenhaus‹, Stuttgart 1983).

nachtodlichen geistigen Sein betrachtet, auf das der Sterbende sich vorbereitet. Im Krankenhaus gibt es keine Hierarchie, Über- und Unterordnung bei der Mitarbeiterschaft. Alle tragen die Verantwortung für die Patienten gemeinsam. Die Schwestern und Pfleger sind bei den meisten Entscheidungen mit den Ärzten gleichberechtigt. An den Stationsbesprechungen nehmen Ärzte immer teil, an den Arztbesprechungen auch Schwestern. Um die Fähigkeiten aller noch mehr zu wecken, die therapeutische Aufgabe zu erfüllen, wird auf die Stationsleitungsschwester verzichtet. Der Personalschlüssel ist so günstig, daß keiner sich überlastet fühlt, und die Arbeit in Ruhe erfüllt werden kann. Unter den Mitarbeitern herrscht ein warmes zwischenmenschliches Klima, das sich besonders positiv auf die Pflege der Sterbenskranken auswirkt.
Im Vergleich zu anderen Krankenhäusern wird in Öschelbronn ein größeres Gewicht auf die Pflege in ihrem ursprünglichen Sinn gelegt.
Pflegen heißt dort nicht nur: Waschen, Betten, Nähren, Verbinden, mit Medizin Versorgen, sondern z. B. auch Zubereiten und Anwenden von Wickeln, Teebereitung, Märchenvorlesen am Bett, Gesprächsführung. Während ein Patient z. B. mit Johanniskraut-Öl eingerieben wird, empfängt er eine Streichmassage. Arme, Beine, Rücken und Brust werden in völliger Stille 15 Minuten lang massiert. In dieser Zeit ist die Schwester ganz und ganzheitlich für den Patienten da.

Zum Umgang mit Schwerkranken und Sterbenden: Den Krebspatienten stehen mehrere Behandlungsformen zur Auswahl. Über jeden Schritt können sie mitentscheiden. Als in der Regel voll Aufgeklärte haben sie es leichter, über die ihnen angemessenen Therapiemaßnahmen selbst zu bestimmen. Schmerzmittel werden nur sparsam verabreicht, denn nicht wenige Schwerkranke wollen ihr Leiden ganz auf sich nehmen und bewußt erleben. Je kränker ein Patient wird, umso mehr wird er besucht. Die Gruppenpflege ermöglicht einen intensiven Einsatz einiger weniger Schwestern für die Sterbenskranken. Auch einen Rückzug des Arztes gibt es in dieser Situation nicht. Angehörige dürfen im Zimmer der Sterbenskranken jederzeit übernachten.

Im Tod und danach: In der unmittelbaren Sterbesituation werden alle Gerätschaften aus dem Zimmer entfernt, die Schwestern stellen eine Kerze oder Ikone ans Bett des Sterbenden. Nach dem eingetretenen Tod wird der Leichnam in der üblichen Weise versorgt. Auf die Bettdecke um den Toten herum legt man alle im Zimmer vorhandenen Blumen. Im Keller ist ein Aufbahrungsraum, der einer Kapelle ähnelt, mit Kreuz und Kerzen. Dort findet eine ›Verabschiedung‹ des Patienten statt. Alle, die an seiner Pflege und Betreuung mitgearbeitet haben, versammeln sich. Es gibt Bibelverse und Musik. Die Andacht ist auch eine ›Hinbereitung‹ des Verstorbenen auf sein nachtodliches Leben. Er wird die irdische Hülle nun verlassen und in die geistige Existenz übergehen.

8.7 Seelsorgerliche Begleitung der Angehörigen

Wie werden Angehörige wahrgenommen? Oft mehr als ›Störfaktoren‹, die den Betrieb mit ihren vielen Fragen aufhalten. Wie werden Angehörige bedient? Oft auf gut Glück, wenn sie einen Arzt erwischen oder eine informierte Schwester. Wie geht es den Angehörigen von Sterbenskranken? Sie fühlen sich mitbetroffen von Trauma und Tod und brauchen – wie der Schwerkranke selbst – sehr viel Kontakt, Gespräch, Information, Betreuung, Stützung und Trost. Wie könnte man den Angehörigen besser beistehen?

Umgang mit Angehörigen vor dem Tod eines Patienten:
Folgendes erscheint denkbar:
– Überschaubare Stationsbereiche mit Gruppenpflege lassen ein Gefühl der Ruhe und Familiarität entstehen. Ärzte sind so oft wie möglich erreichbar, um Auskunft zu geben.
– Nachdem es selbstverständlich geworden ist, daß Angehörige jederzeit Zugang zu ihren Sterbenskranken haben, wird es auch möglich sein, daß sie bei ihnen im Zimmer übernachten und von der Klinikküche mit versorgt werden.
– Um die Angehörigen noch mehr in den Stationsalltag zu integrieren, gibt man ihnen die Erlaubnis, sich an pflegerischen Aufgaben zu beteiligen. Beim Essengeben, Waschen, Betten und vielen anderen Handreichungen können sie sich mit den Pflegekräften abwechseln.
– Der Arzt bezieht die Angehörigen in alle Überlegungen, die die Lebensverlängerung betreffen, mit ein. Zu Rat gezogene Angehörige können ihn entlasten, wenn eine Gewissensentscheidung getroffen werden muß, die das Leiden eines Patienten vielleicht schneller beendet.
– Schwestern und Pfleger bauen zu den engsten Angehörigen eine Beziehung auf, die der zum Kranken an Intensität ähnelt. Sie nehmen die Angehörigen in ›ihren‹ fünf Phasen des Zugehens auf den Tod an und begleiten sie.

Umgang mit Angehörigen nach dem Tod eines Patienten:
Folgendes erscheint denkbar:
– Es ist nicht länger nötig, daß Angehörige aus dem Zimmer geschickt werden, wenn ein Patient verstorben ist; wobei könnten sie denn stören? Es braucht nicht zu geschehen, daß Tote sogleich aus dem Zimmer entfernt werden; warum denn solche Hast?
– Es sollte nicht mehr geschehen, daß Angehörige, wenn sie nach dem überraschend eingetretenen Tod auf der Station eintreffen, als erstes die Kleider des Verstorbenen in einer Plastiktüte überreicht bekommen.
– Es wird Sorge dafür getragen, daß Angehörigen Raum und Zeit gewährt wird, um in würdiger Weise von ihrem Verstorbenen Abschied nehmen zu können. Wenn schon vorher eine Beziehung zu ihm bestand, kann der Seelsorger auch jetzt noch gerufen und zu einem Abschiedsgebet eingeladen werden.
– Es wird darauf geachtet, daß Angehörige nicht auf dem Flur und in Eile durch den Arzt über die Umstände des Todes ihres Verwandten informiert werden.

Auch er soll sich Zeit und einen Raum nehmen, um mit den vielleicht schockierten Trauernden in Ruhe zu sprechen.

– Ärzte brauchen die Nachricht nicht mehr so zu überbringen, daß sie versichern, alles ›gemacht‹ zu haben, und daß nun leider trotzdem nichts mehr zu ›machen‹ gewesen sei. Der Tod ist kein Betriebsunfall der Medizin, sondern das Lebensende eines Menschen und ein natürlicher Teil der Existenz. Bei der Mitteilung wird auch dies beachtet: Gefühlsnachrichten ertragen keine Faktensprache.

– Schwestern und Pfleger werden sich ihrer eigenen psychischen Reaktion auf den Tod eines Patienten bewußt (oft Trauer; aber oft auch Ärger, Haß, Unlust, Wunsch nach rascher Beseitigung usw.), also immer besser wissen, daß der Tod auch in ihrer eigenen Psyche jedesmal Leid und Schrecken auslöst oder mindestens als unangenehme Störung empfunden wird.

– Und weil sie das wissen, werden sie darauf achten, daß die Angehörigen nicht unversehens von den negativ oder gar aggressiv gefärbten Gefühlen gegen den Tod getroffen und belastet werden, die in den Pflegenden entstehen können.

– Die Pflegenden versuchen, sich in die Lage der Verwandten zu versetzen, die jetzt einen schweren Verlust erlitten haben, und ihnen zur Seite zu stehen in Liebe, Solidarität und Mitgefühl. Bei vom Tod plötzlich überraschten Angehörigen werden sie sich besonders Zeit nehmen, vielleicht eine halbe Stunde, um sie nicht allein zu lassen. Gemeinsames Trauerschweigen ist schwer, aber für die unverhofft eines Menschen beraubten Angehörigen eine große Hilfe.

Literatur:

Helmuth Beutel/Daniela Tausch, Sterben – eine Zeit des Lebens, Stuttgart 1989;
Kay Blumenthal-Barby, Betreuung Sterbender, Berlin 1982;
Elisabeth Kübler-Ross, Interviews mit Sterbenden, Gütersloh 1987[14];
–, Reif werden zum Tode, Stuttgart 1977;
–, Verstehen, was Sterbende sagen wollen; Stuttgart 1987[2];
–, Was können wir noch tun? Gütersloh 1987[5];
Hans-Christoph Piper, Gespräche mit Sterbenden, Göttingen 1984[2];
Franco Rest, Sterbebeistand, Sterbebegleitung, Sterbegeleit, Stuttgart 1989;
Thomas Scheffel, Die Versorgung sterbender Patienten im Krankenhaus, Diss. Stuttgart 1983;
Paul Sporken, Umgang mit Sterbenden, Düsseldorf 1973.

9. Riten und Bräuche der Konfessionen und Religionen am Sterbebett

Obwohl das Sterben in der heutigen Gesellschaft immer mehr hospitalisiert (75% der Menschen beenden ihr Leben im Krankenhaus) und deshalb auch religionslos vereinheitlicht wird (man stirbt medizinisch versorgt, aber meist ohne den traditionellen Beistand der Religion), gibt es auch heute noch konfessionelle Seelsorge am Sterbebett.
Immer wieder kommt es vor, daß Patienten oder ihre Familien nach dem Geistlichen verlangen. Vorteilhaft erscheint es deshalb, wenn Schwestern und Pfleger die Gebräuche und Riten der einzelnen Konfessionen am Sterbebett kennen. Wenn man weiß und versteht, was der jeweilige Geistliche dann tut, versteht man auch den Glauben der Patienten besser. Es kann überdies vorkommen, *daß Schwestern und Pfleger einmal den Geistlichen ersetzen müssen,* der vielleicht nicht erreichbar ist. Dann sind ihnen die nachstehenden Informationen und Anleitungen vielleicht von Nutzen. Jeder kann seinem Mitmenschen auch religiös beistehen, wenn es auf das Ende zugeht; jeder kann für den andern ein Priester oder ein Geistlicher werden, um ihn im Sterben nicht allein zu lassen.
Alle Religionen und Konfessionen glauben in irgendeiner Weise an ein Weiterleben nach dem Tod. Vielleicht kann man sogar sagen: Die Sehnsucht des Menschen, daß mit dem Sterben nicht alles aus sei, ist ein Ursprung des religiösen Glaubens auf der Welt. Die Vorstellungen von Auferstehung und ewigem Leben differieren zwar in mancher Hinsicht, doch kann man diese Unterschiede beim geistlichen Sterbegeleit außer Acht lassen. Alles, was über den Tod hinausgeht, bleibt ein Geheimnis. Religionen sind nur ein Versuch, dem Gefühl und der Hoffnung, daß etwas von uns Menschen unsterblich sein könnte, eine Gestalt zu geben. Es kommt ganz darauf an, was man als Schwester oder Pfleger am Bett des Sterbenden selber mit gutem Gefühl sagen kann, wenn man betet oder Bibeltexte oder Gesangbuchverse vorliest. Vielleicht kann man auch ohne Glauben an ein Weiterleben dem Sterbenden geistlichen Beistand geben. Sobald wir den Mund öffnen und ›Gott‹ sagen, wenden wir uns an eine Kraft, die nicht vergehen kann, die größer ist als alles Sterben, und bei der wir auch im Tod Geborgenheit finden können.

Protestantische Kirche

Religiöse Vorschriften und Gebräuche: Keine Vorschriften. Auf Wunsch feiert der Pfarrer das Abendmahl mit dem Sterbenden.
Betreuung und Pflege: Vor allem menschliche Anteilnahme und Nähe. Eventuell einen dem Sterbenden vertrauten Bibeltext oder Liedvers vorlesen, z.B.: *Psalm 23, 73, 90, 91 oder 103; Matth.* 5, 1–9; Joh. 10, 27–30; *Röm.* 8, 38–39; *Offb.* 21; *Lied* 63, 9; 274; 316; 561.
Sterbegebet: Herr, unser Gott, in dieser schweren Stunde suchen wir dein Angesicht. Wir Menschen können nicht helfen; du bist unsere einzige Zuflucht. Steh du unserem Kranken gnädig bei. Hilf ihm, zu überwinden, begleite ihn auf seinem Weg und laß ihn auch im Tod nicht aus deiner Hand fallen. Alles, was jetzt ist und was kommt, soll in deine Liebe eingeschlossen sein.
Sterbesegen: Es segne dich Gott, der Vater, der dich geschaffen hat, es segne dich Gott, der Sohn, der dich erlöst hat, es segne dich Gott, der Hl. Geist, der dich tröstet in aller Not. Der dreieinige Gott segne und bewahre deinen Ausgang und Eingang in Ewigkeit. Amen.

Katholische Kirche

Religiöse Vorschriften und Gebräuche: Sterbende, aber auch schwerer oder leichter Kranke, erhalten das Sakrament der Krankensalbung. (Der Begriff ›letzte Ölung‹ wird nicht mehr gern gehört und gebraucht). Auch die Krankenkommunion kann Sterbenden gereicht werden. Die Salbung kann nur von Priestern vorgenommen, die Kommunion aber auch von Laien weitergegeben werden.
Betreuung und Pflege: Den zuständigen Seelsorger benachrichtigen oder eine Brücke zwischen Angehörigen und Seelsorger bauen. Auf Wunsch des Patienten ein Gebet sprechen.
Verrichtungen nach Eintritt des Todes: Das ›Versehen‹ des Leichnams, d.h. die Ölung, wird heute nicht mehr gern gemacht. Der Seelsorger, der beim Eintritt des Todes gerufen wird, spricht nur noch ein Gebet. Sein Kommen kann auch jetzt noch für die Angehörigen tröstlich sein.
Sterbegebet: Lieber Bruder, liebe Schwester, ich empfehle dich dem allmächtigen Gott. Mache dich auf den Weg im Namen des Vaters, der dich erschaffen hat; im Namen Jesu Christi, der für dich gelitten hat; im Namen des Heiligen Geistes, der über dich ausgegossen worden ist. Heute noch sei dir im Frieden deine Stätte bereitet, deine Wohnung bei Gott. Ob wir leben oder ob wir sterben, wir gehören dem Herrn.
oder:
Mein Vater, ich überlasse mich dir, mach mit mir, was dir gefällt. Was du auch mit mir tun magst, ich danke dir. Zu allem bin ich bereit, alles nehme ich an. Wenn nur dein Wille sich an mir erfüllt und an allen deinen Geschöpfen, so ersehne ich weiter nichts, mein Gott. In deine Hände lege ich meine Seele. Ich gebe sie dir, mein Gott, mit der ganzen Liebe meines Herzens, weil ich dich liebe, und

weil diese Liebe mich treibt, mich dir hinzugeben, mich in deine Hände zu legen, ohne Maß, mit einem grenzenlosen Vertrauen, denn du bis mein Vater.

(Charles de Foucauld)

Neuapostolische Kirche

Die Kranken werden regelmäßig besucht; die Gemeinde ist wie eine Familie, es gibt niemand, der unbetreut zum Sterben geht. Die Gemeindeevangelisten besuchen ihre Glieder bei zu erwartendem Sterbefall jederzeit.
Riten und Bräuche: Am Krankenbett wird das Hl. Abendmahl gefeiert. Dabei wird dem Kranken auch die Sündenvergebung zugesprochen. Wenn der Umgebung wegen das Abendmahl nicht in der üblichen gottesdienstlichen Weise gefeiert werden kann, wird dem Kranken die ausgesonderte Hostie in einem kleinen Kuvert überreicht und ihm mitgeteilt, daß ihm bei aufrichtiger Reue die Sünden vergeben sind.
Betreuung und Pflege: Es ist für Schwestern wohl nicht möglich, am Sterbebett eines Neuapostolischen Christen selbst seelsorgerlich-geistlich tätig zu werden (wenn sie nicht selbst dieser Kirche angehören). Sündenvergebung und Abendmahl fallen in die Kompetenz des ›Apostels‹ und des von ihm beauftragten Priesters.
Verrichtungen nach Eintritt des Todes: Keine speziellen Vorschriften. Kontaktnahme mit den Angehörigen des Verstorbenen; gegebenenfalls mit der Kirche selbst.

Jehovas Zeugen

Religiöse Vorschriften und Bräuche: Keine Bräuche oder besonderen Vorschriften. Der Glaube an die Auferstehung ist die tragende Kraft der Sterbestunde. Der Zeuge Jehovas glaubt an die leibliche Rückkehr auf die Erde zur Zeit des Tausendjährigen Reichs unter Gottes Herrschaft.
Betreuung und Pflege: Es ist wichtig, daß man auch in der letzten Lebensphase die Religion des Patienten respektiert, also: *Keine* Bluttransfusion; *keine* Plasmainfusion; *keine* eventuell plasmahaltigen Speisen, wie Wurstwaren, Aufschnitt usw.! Besuch durch Geistliche anderer Konfessionen nicht angezeigt. Pflegende können Zeugen Jehova-Patienten ebenfalls keine Betreuung geben.
Verrichtungen nach Eintritt des Todes: Dem Leichnam dürfen *keine* Organe entnommen werden. Angehörige müssen wegen Autopsie gefragt werden.

Islamische Patienten

Religiöse Vorschriften und Gebräuche: Die bekannten Essensbräuche sind für die allgemeine Krankenpflege von Bedeutung: *Kein* Schweinefleisch und *kein* Alkohol.

Betreuung und Pflege: Äußere Sauberkeit ist Symbol für innere Sauberkeit; alles, was mit Urin oder Kot in Berührung gekommen ist, muß peinlich sauber gewaschen werden. Keuschheit: Der Patient darf *nie bloßliegen,* also nie ganz aufdecken.
Patient und Angehörige ›vom Tod ablenken‹, denn ›es gibt keinen Tod‹: Die lebendige Seele ist unsterblich.
Verrichtungen nach Eintritt des Todes: Strenges Ritual! Füße dürfen *nicht* nach Südosten gerichtet sein. (Im Grab wird dann das Kopfende nach Südwesten, das Fußende gegen Nordosten gebettet; das Gesicht wird auf die Seite gewendet und schaut gegen Südosten: nach Mekka.)

Jüdische Patienten

Religiöse Vorschriften und Gebräuche: Die Familie oder Jüdische Gemeinde benachrichtigen. Angehörige oder Mitglieder der ›Heiligen Bruderschaft‹ sprechen dann das Sündenbekenntnis des großen Versöhnungstages und beim Eintreten des Todes das Jüdische Glaubensbekenntnis.
Man soll den Sterbenden nicht allein lassen, ihn nicht bedrängen und nicht auf ihn einreden. Man soll sich still und gefaßt verhalten und so beruhigend wirken.
Betreuung und Pflege: Jede Hilfe für die Einhaltung der Speisegesetze und der Sabbatweihe wird hochgeschätzt.
Alle therapeutischen Maßnahmen und Medikamente, die das Leben retten bzw. das Leiden lindern, sind erlaubt.
Verrichtungen nach Eintritt des Todes: Die Angehörigen oder die Jüdische Gemeinde benachrichtigen. Beim Anblick des frisch Verstorbenen reißen die Angehörigen ein Kleidungsstück ein und sagen: »Gepriesen sei, der richtet in Wahrheit«. Sie waschen den Toten (nach Überführung auf den Friedhof) und kleiden ihn an. Der Familie sollte noch im Krankenhaus die Möglichkeit zur Totenwache gegeben werden.
Sterbegebet (Bitte um Sündenvergebung am Abend des Jom Kippur): Du gibst die Hand den Missetätern, deine Rechte ist ausgestreckt, zu empfangen die Rückkehrenden. Du hast uns gelehrt, vor dir das Bekenntnis abzulegen.
Öffne uns das Tor zur Zeit, da man schließt das Tor, denn es wendet sich der Tag. Nun gegen Abend klopfen wir seufzend an die Tore des Erbarmens. Laß sie nicht verschlossen sein, Herr, unser König! Der Tag wendet sich, die Sonne sinkt und wendet sich, wir kommen an dein Tor:
Ach Gott, vergib doch! verzeih doch! entschulde doch! Hab Mitleid doch! erbarme doch! versöhne doch! Denn der Mensch ist wie Staub, verdorrendes Gras und welkende Blume. Du aber bleibst, Gott, von Ewigkeit zu Ewigkeit. Amen.

10 Zusammenarbeit mit der Krankenhausseelsorge

10.1 Der Dienst der Krankenhausseelsorge aus der Sicht der beauftragenden Kirche

Der Krankenhausseelsorger/die Seelsorgerin soll die Kirche am Krankenbett vertreten und ihren Auftrag, Kranke zu besuchen und zu trösten, im Krankenhaus ausführen. Durch die Besuche von Zimmer zu Zimmer soll er demonstrieren, daß es Volkskirche gibt. Es soll den Menschen (oft nach langer Zeit wieder) eine Begegnung mit einem Repräsentanten ihrer Konfession ermöglichen. Jeder, der im Krankenhaus liegt, hat das Recht, von einem Geistlichen seiner Konfession Seelsorge zu empfangen. Die Krankenhausseelsorger sollen darüber hinaus eine Verbindung zur Gemeinde darstellen und herstellen. Sie ersetzen die Gemeindepfarrer in der Institution, die oft weit vom Heimatort entfernt liegt. Krankenhausseelsorger können auch Besuchsdienste ins Leben rufen, Laien ausbilden helfen, die von einer dem Krankenhaus nahegelegenen Gemeinde aus zu Besuchen ins Krankenhaus kommen. Krankenhausseelsorger halten Gottesdienste im Hospital, sie spenden Sakramente (Taufe, Kommunion, Krankensalbung) und kümmern sich besonders um Sterbende.
Bei ihren Besuchen richten die Seelsorger etwas von dem Evangelium aus, aus dem das Christenvolk seine Hoffnung schöpft: Von dem Gott, der sich in Christus als mitgehender, mitfühlender, nicht a-pathischer, sondern sym-pathischer (mitleidender) Gott erwiesen hat. Diese Botschaft bringen sie mit Worten und auch durch ihr Kommen und Tun, durch ihr Mitfühlen und Mitgehen an die Betten im Krankenhaus.

10.2 Wie die Patienten den Seelsorger erleben und von ihm Gebrauch machen

Die große Mehrheit der Patienten reagiert *positiv* auf das Kommen des Seelsorgers/der Seelsorgerin. Offenbar tut es ihnen unmittelbar wohl, wenn jemand in geistlichem Auftrag nach ihnen schaut. Etwas vom Wichtigsten ist wohl dies, daß die Kranken hierbei das Gefühl haben, in einer ganz persönlichen Weise selbst besucht zu werden. Ihr Selbst/ihre Seele empfindet die Zuwendung

des Seelsorgers als hilfreich, tröstend und heilend. Das hängt damit zusammen, daß der Seelsorger als eine geistliche Symbolfigur erlebt wird, hinter der etwas von dem Beistand der Liebe Gottes steht. Weil das so ist, können sich die Patienten spontan und persönlich öffnen und sich dem Seelsorger anvertrauen, obwohl er meist als fremder Mensch zu ihnen kommt.
Auf den Seelsorger wird also etwas *übertragen;* man sieht in ihm auf Grund seiner Rolle irgendwie ›etwas von Gott‹. Mit ihm kann der Patient nun seine persönliche Gotteserfahrung besprechen. Im Augenblick seines Besuchs bündelt sich die emotionale Auseinandersetzung des Patienten mit seiner Krankheit zur Auseinandersetzung mit Gott, denn dieser ist es ja, der dem Patienten ›die Krankheit geschickt hat‹. Gott wird dann erlebt als Richter oder Strafender, als unergründbares Schicksal oder Hoffnungsanker, als Herausforderer, etwas aus der Krankheit zu machen, als tiefe, dunkle Verlassenheit oder als helles, tröstendes Licht. Und so, wie Gott jeweils erlebt wird, ist er lebendig im Gespräch mit dem Seelsorger, der als eine Art Repräsentant Gottes vor dem Patienten zu stehen scheint. Auf dieser spontanen Übertragung beruht das Daß und das Wie des Seelsorgegesprächs.
Die Aufgabe des Seelsorgers wird dann, je nach dem, was der Patient ihm entgegenbringt, verschieden sein: Er soll Hoffnung bestärken, Zweifel annehmen, Verlust mit betrauern, Ohnmachtsgefühle und Ängste teilen, ein inneres Ringen mit Gott mittragen, Anklagen aushalten, Sinnsuche begleiten, Gottesabwesenheit miterleiden, Vertrauen und Glauben mit unterstützen oder Lob und Dank über Heilung mitausrufen. In alledem ist der Seelsorger nicht nur eine als angenehm empfundene Besuchsperson, sondern er kann manchmal auch etwas von der dunklen, schweren Seite Gottes ›mit sich bringen‹ und deshalb angegriffen oder in schwere Diskussionen gezogen werden.
In besonderer Weise *negativ* wird der Besuch des Seelsorgers immer wieder von Sterbenskranken und von frischen Opfern eines Herzinfarkts erlebt. Ohne sich dagegen wehren zu können, empfinden sie ihn als Symbolfigur des Todes bzw. des durch Gott gesetzten Lebensendes. Sie können dann oft nicht anders, als den Seelsorger abzulehnen oder auf irgendeine Weise wegzukomplimentieren. Seelsorger werden sich bewußt sein, daß ihr Besuch in manchen Fällen nicht hilfreich ist, sondern als Bedrohung wirkt, und darauf Rücksicht nehmen. Wenn sie in taktvoller, mutmachender Weise auf die Patienten zugehen (bei einem zweiten oder dritten Besuch), werden sie meistens doch wieder gerne empfangen.
Für Seelsorger ist es also wichtig, sich von dem leiten zu lassen, was die Kranken jeweils *mit ihnen anfangen können,* und mit eigener Initiative zurückhaltend zu sein. Es ist eine schöne Erfahrung für sie, daß die meisten Patienten sich freuen, wenn sie kommen, also wirklich mit ihrem Besuch etwas anfangen können. Das hängt damit zusammen, daß der Seelsorger von seinem geistlichen Wesen her ein ›Segensträger‹ ist. Er wird in der Mehrzahl der Fälle als Symbol der mitgehenden Liebe Gottes empfunden, die den Menschen nicht verläßt, sondern segnet.

10.3 Der Seelsorger/die Seelsorgerin in der Sicht der Ärzte und des Pflegepersonals

Es kann sein, daß die Seelsorger dem Personal manchmal als etwas hilflos im Weg herumstehende Leute erscheinen, die nichts beitragen zum Heil- und Pflegegeschehen, die medizinisch wenig informiert sind und auch vom persönlichen Umfeld des Patienten weniger wissen als die Stationsteams. Die Seelsorge ist im modernen Krankenhaus ein so andersartiges Element, daß sie tatsächlich manchmal als störend, unzeitgemäß oder vernachlässigbar empfunden wird. Der Versuch, Seelsorger/innen in die Stationsarbeit zu integrieren, gelingt immer nur teilweise.

Eine andere Schwierigkeit kommt hinzu. Tiefenpsychologisch betrachtet haben wir es hier mit einer Art Konkurrenz zwischen Arzt und Seelsorger zu tun. Ohne daß es ihnen bewußt ist, fühlen sich Pfarrer und Ärzte als ›Heilungs-Rivalen‹. Das läßt eine Spannung entstehen, die sich im Klima auswirkt. Leibarzt und Seelenheiler waren früher einmal nicht zwei getrennte Rollen, sondern in einer einzigen Person heilig vereinte Aufgaben. Bis zum heutigen Tag ist der Medizinmann bei den Naturvölkern ein durch und durch religiöser Leibheiler. Medizinische Heilkunst und geistliche Hilfe haben sich erst in unserer Zivilisation in zwei Bereiche aufgespalten, die innerlich nicht mehr zusammenzuhängen scheinen. In der Tiefe besteht bis heute bei Arzt und Seelsorger das Gefühl, daß man eigentlich zusammengehört, aber an der Oberfläche will wohl jeder für sich auf seine Weise der Alleinheilende sein. Auf Grund der beschriebenen Konkurrenz sieht auch das Pflegepersonal im Seelsorger manchmal eine Hilfsperson, die überflüssig ist, weil man doch alles eigentlich genauso gut auch selbst machen kann.

Daß das heute in zwei Berufe zerfallene Heilamt früher ein einziges war, kann man auch an der Reaktion der Patienten auf den Seelsorger ablesen. Menschen, die ich besuchte, haben mich aber hunderte Mal aus Versehen mit ›Herr Doktor‹ angeredet, umgekehrt berichteten sie von den sie behandelnden Ärzten als ›Pfarrern‹. so brachten sie unbewußt die alte Heilende Einheit zum Ausdruck. Kann man in dieser Situation weiterkommen?

Wenn wir uns des tiefenpsychologischen Hintergrunds der Spannung in der Beziehung von Ärzten und Seelsorgern bewußt werden, dann sind wir dieser Störung nicht mehr so ausgeliefert. Aus den Reaktionen der Patienten können wir lernen, daß der Kranke wirklich beides braucht: die wissenschaftliche Medizin und die religiöse Begleitung. Versuchen wir also, einander anzuerkennen, Raum zu geben und zusammenzuarbeiten.

10.4 Die religiöse Seite des Krankheitserlebens und der Heilungssehnsucht

In Krankheitszeiten und Schicksalskrisen wird die religiöse Erlebnisschicht des Menschen in einer Weise angerührt und aufgewühlt, wie man es sich in glücklichen Tagen kaum vorstellen kann. Menschen strecken plötzlich ihre Arme zum Himmel, wie sie es als Kind in irgendeiner Not gemacht hatten, und bitten um Hilfe. Sie erleben ihr Los vielleicht als strafendes Gericht, auch wenn sie vorher nicht an einen gottgewirkten Zusammenhang von menschlichem Tun und Ergehen geglaubt hatten. Krankheit läßt Menschen zu Zweiflern und Anklägern vor Gottes Stuhl werden, andere finden eine neue, tiefe Vertrauensbeziehung zu dem Vater des Lebens. Wie Petrus, der übers abgründige Wasser laufen kann, weil er die Hand seines Herrn nahe spürt, wandeln Patienten auf dem dunklen See zum rettenden Ufer. Sie spüren, daß Gott sie hält und heilt. Das macht sie froh und dankbar, so daß sie Gott loben und preisen können, für das, was er an ihnen getan hat.

Krankheit kann auf vielerlei Weise auf den Glauben wirken, – und der Glaube auf die Krankheit. Wie ein ›Wort von außen‹ kann Krankheit erlebt werden, auf welches der Mensch eine Antwort geben muß: Kann er Gottes Stimme hören und den Sinn der Krankheit erfassen? In die Stille kann Krankheit führen, neue Türen öffnen, zum Segen werden für den, der sich ihr geduldig aussetzt. Krankheit ist nicht immer heilbar – doch gerade chronisch Kranke wissen oft umso mehr von dem heil sein Können in Gott. Die Heilssehnsucht der Kranken umfaßt mehr als Gesundheit, sie richtet sich auf die Unverletzlichkeit des Menschen als eines Gotteskindes. Im Glauben kann Krankheit leichter ertragen und wohl auch eher überwunden werden. Der Glaube kann aber ebenso in schwere Erschütterungen geraten, wenn ein Mensch krank ist. Möglicherweise können Menschen in dieser Zeit ihre Glaubensfähigkeit für immer verlieren. Aber viele macht der Glaube heil und andere doch getrost. Er hilft immer wieder Menschen, gefaßter ihrem Ende entgegenzusehen, denn ›nichts kann uns trennen von der Liebe Gottes‹ *(Römer 8,32)*, das spüren sie.

10.5 ›Wie geht es Ihnen?‹ – Was bedeutet diese Frage, wenn der Seelsorger sie stellt?

Seelsorger fragen so wie andere, die zum Bett eines Kranken treten. Aus dem Mund der ›religiösen Symbolfigur‹ kommt diese Frage aber in etwas anderem Sinn beim Patienten an. Sie trifft so in sein Ohr und Herz, als fühle er sich nicht nur gefragt, wie sein körperliches Befinden ist, sondern auch, was seine Erkrankung für ihn persönlich bedeutet, wie er sie begreift und erklärt, und wie er seelisch mit ihr fertig wird. Meistens kann sich ein Patient, der diese Frage gestellt bekommt, dem Seelsorger gegenüber nicht verstellen oder verbergen; er kann nicht anders als direkt zu sagen (oder spüren zu lassen), wie seine Seele sich auf Grund der Erkrankung befindet. ›Wie geht es Ihnen?‹ Ein Kranker, der die Worte hört, kann sagen, wie das, was er durchmachen muß, in sein Leben eingreift, welche Ängste es auslöst, was für Gegenkräfte es mobilisiert, oder wie der Betroffene von seinem Schicksal überwältigt wird. ›Wie geht es Ihnen?‹ Wenn der Seelsorger so fragt, dann empfinden manche Patienten ihr Leiden zum ersten Mal als Leid, also als traurigschwere Last, die sie sehr bedrückt. Andere werden beim

Besuch des Seelsorgers der Bedrohung erst richtig gewahr, die ein Herzinfarkt oder eine andere schwere Krankheit für ihr Leben bedeutet. ›Wie geht es Ihnen?‹ Sehr viele empfinden die Frage des Seelsorgers auch als freundliche Anteilnahme ›im Namen Gottes‹ und können frei erzählen, was sie mitmachen, und wie sie sich bei aller Gefahr doch geschützt und geborgen fühlen.
›Wie geht es Ihnen?‹ In dem Wörtchen ›es‹ verbirgt sich auch etwas vom unpersönlichen Schicksal, das sich am Menschen vollzieht, während er selbst vielleicht nicht mehr ›gehen‹ kann. Auch das tritt mit der Frage des Seelsorgers ans Bett des Kranken. Solange er liegt, kann er nur hoffen, daß dieses ›Es‹, das er nur so wenig beeinflussen kann, von ihm ertragen wird, und daß er mit Geduld im Lauf der Zeit ›es‹ wieder schaffen wird. In solchen Tagen oder Wochen tut dem Patienten das Mitgehen einer Person wohl, die (wie seine Seele spürt), zwar auch etwas mit dem unpersönlichen Schicksal zu tun hat, aber doch noch viel mehr mit der Verheißung des Heils von Gott her. »›Es‹ sollen wohl Berge weichen und Hügel hinfallen, aber meine Gnade soll nicht von dir weichen, und der Bund meines Friedens soll nicht hinfallen, spricht der Herr, dein Erbarmer« *(Jes. 51,10).*

10.6 Haben Seelsorger im Krankenhaus einen Heilungsauftrag?

Als wir über den Fall einer chronisch kranken Frau sprachen, bei der die Medizin nichts mehr ausrichten konnte, forderte eine Schwesternschülerin, die sich viel mit der Patientin abgegeben hatte, mich auf: »Sie müssen ihr doch helfen können! Ihr Mut machen, sie aufrichten und trösten! Wollen Sie das nicht tun?« Ich antwortete: »Ja, das möchte ich tun, ich will hingehen und das Meine tun, um ihr zu helfen!« Und das tat ich, jedenfalls versuchte ich es. Was für eine Erwartung äußert sich in der Aufforderung der Schülerin?
Seelsorge ist zwar ein ziemlich ohnmächtiges Amt, sie kann wenig raten, lindern, bessern oder zum Guten verändern. Dennoch wird sie als etwas *erlebt,* auf das man seine Hoffnung setzen kann, das einen stärkt und einem innerlich zum Heil gereicht. Die Schwesternschülerin richtete den Hilfe-Wunsch an den Seelsorger, weil ›ihre Seele‹ deutlich spürt, was die Gabe und Aufgabe der Seelsorge ist: Etwas vom Heil und der Hilfe Gottes zu den Patienten zu bringen. Seelsorge kann definiert werden als eine Geh-, Such- und Sehbewegung zu den Patienten hin im Namen Gottes, als Zeichen der Zuwendung der Barmherzigkeit Gottes zu den Leidenden und als Symbol seiner Heilsverheißung für die Mühseligen und Beladenen. Darum und in diesem Sinn hat Seelsorge einen Heilungsauftrag.
Folgerung für die Praxis: Der Seelsorger heilt nicht durch das, was er kann oder tut, sondern durch das, was er symbolisiert. Freilich kommt es nun darauf an, daß er durch sein Verhalten dem Symbol entspricht. Dies kann er, indem er sich einfühlt, den andern ernstnimmt, mit ihm fühlt, ihn zu verstehen sucht und begleitet. Indem er Gott so beim andern zu vertreten versucht, wie es dieser in seiner Lage jetzt braucht: als Wand der Klage oder als Wort der Güte; als der, der

jäh Einschnitte im Leben setzt, oder als der, der Wunden verbindet; als der, der nehmen darf, ohne daß wir's ihm wehren könnten; oder als der, der uns neues Leben schenkt, uns führt und nicht fallen läßt. Wenn Seelsorge darauf achtet, was sie von Gott her symbolisiert, und wenn sie den Leidenden so begleitet und stützt, daß er sich von diesem Zeichen der Liebe besucht, angesehen und angenommen fühlt, dann kann sie die Kräfte des Kranken heilsam verdoppeln und ein Beitrag zu seiner Genesung sein. Der Glaube spürt, was Paul Gerhardt sagt: »Sein Heil und Gnaden, die nehmen nicht Schaden, heilen im Herzen die tödlichen Schmerzen, halten uns zeitlich und ewig gesund.« *(EKG 346,8).*

10.7 Seelsorger als Begleiter und Ohn-Macher

Der katholische Pastoralpsychologe *J. Mayer-Scheu* nennt ›Begleiten‹ die ›gemeinsame Basis der heilenden Berufe‹. So wie der Arzt seine Patienten medizinisch-therapeutisch begleitet, begleitet die Schwester sie pflegerisch-fürsorglich und der Geistliche zusammen mit beiden menschlich-seelsorgerlich. Im vorigen Abschnitt ging es um die geistliche Symbolik im Seelsorgebesuch, in diesem nun steht die praktisch-menschliche Gestalt des Gesprächs im Vordergrund. Wie in Kap. 4, 9 und 10 ausgeführt, sehe auch ich im ›Begleiten‹ die einzig treffende Beschreibung der Seelsorgeaufgabe. Seelsorge, das ist: Nebenhergehen, ein Stück Wegs teilen, jemand auf einer Strecke nicht allein lassen. Der Patient, der sich manchmal einsam fühlt, braucht jemand, mit dem er sein Befinden erörtern und die seelische Seite der Krankheitserfahrung durcharbeiten kann. Der Begleitende greift nicht ein, sondern geht mit, greift vielleicht unter den Arm, aber läßt den andern seinen Weg ganz und gar selbst bestimmen. Dabei ist diese Begleitung durch den Seelsorger vielleicht besonders ›schön‹, denn dieser vertritt gleichsam den guten Hirten, der dem Schaf nachfolgt, das in den Dornen hängengeblieben ist. Er vermittelt dem Kranken das Gefühl: »Gott hat dein Wandern durch diese Wüste auf sein Herz genommen« *(5. Mose 2,7).* Durch ihre geistliche Symbolik erlebt der Patient die Begleitung des Seelsorgers, die sich ansonsten nicht von der Begleitung durch andere Menschen unterscheidet, vielleicht als besonders stärkend.

Was gehört noch zum Selbstverständnis der Krankenhausseelsorger? Vielleicht haben sie in diesem Haus eine weitere Aufgabe, die auf den ersten Blick allerdings Anstoß erregen könnte: Sie sind hier so etwas Ähnliches wie im Zirkus die Clowns. Wo alle anderen ihre Künste zeigen, tun sie auf lachhafte Weise gar nichts, als höchstens den Betrieb ein bißchen zu stören. Ihr Amt ist das der Nichts-Macher oder Ohn-Macher, die den Profis der Gesundheitsindustrie hilflos-linkisch im Weg stehen und dabei die menschliche Ohnmacht symbolisieren. Als Ohnmächtige stehen sie gegen den Geist des Alles-Machen-Wollens, indem sie sich im Mach-Haus vor allem den Zuständen zuwenden, bei denen man nichts mehr machen kann. Sie streben selber nichts an, bewegen, verändern oder therapieren nichts, sondern üben mit den Kranken ein, was das ist, keine Macht mehr zu haben, wenig tun zu können und nach und nach loszulassen.

10.8 Was können Seelsorger von Schwestern und Pflegern lernen?

Am Wichtigsten ist vielleicht, daß Seelsorger ihren Platz im Krankenzimmer so einzunehmen suchen, daß sie dem Pflegepersonal dabei den Vortritt lassen, wo immer möglich und nötig. Die Pflegearbeit hat Vorrang vor dem, was sonst noch im Krankenzimmer geschieht. – Seelsorger können lernen, was für eine wunderbare seelsorgerliche Zuwendung durch die Hände der Schwestern und Pfleger gegeben wird. Die Arbeit der Pflegenden vollzieht sich in großer körperlicher Nähe, verbunden mit Hautkontakt. Diese Nähe läßt die Pflegenden zu ›Angehörigen‹ der Patienten werden. Es entsteht rasch ein Vertrauensverhältnis, durch welches die Patienten sich öffnen und anvertrauen. Der Pflegekontakt ist deshalb naturgemäß enger, persönlicher als die Beziehung zwischen Seelsorgern und Patienten. Seelsorger sollen respektieren, daß sie gleichsam als Fremde in die Station treten, in ein bestehendes Familiengefüge ›eindringen‹ und deshalb zu besonderer Rücksicht und Zurückhaltung verpflichtet sind. – Seelsorger verfügen über wenig Informationen. Sie kommen an die Betten mit leeren Händen. Das Wissen befindet sich in den Patientenakten, im Kardex-System und wird ausgetauscht bei den Teamgesprächen auf der Station. Seelsorger können sich manchmal etwas Wissen verschaffen, wenn sie gut beobachten, am Bett zuhören oder mit den Teams ins Gespräch zu kommen suchen. Sie sollen aber nicht meinen, sie könnten einen tiefen, wesentlichen Beitrag zum Wissensstand der anderen Mitarbeiter leisten, wenn sie nur ein oder zweimal pro Woche im Krankenzimmer sind. Manchmal denken sie, sie müßten Fürsprecher oder Advokat der Patienten sein, und könnten den Teams überraschend neue Einsichten vermitteln. Meist stellt sich heraus, daß die Teams selbst sich schon viel mehr Gedanken über die Probleme gewisser Patienten gemacht haben. Deshalb ist auch hier Zurückhaltung angezeigt. Seelsorger können ihren Erfahrungsaspekt ins Gespräch bringen, sollen aber beachten, daß sie dabei meist die Lernenden sind.

10.9 Was Pflegende von Seelsorgern lernen können

Von Seelsorgern kann man vielleicht lernen, für das Recht der Patienten auf Klage, Trauer und Aggression sensibel zu werden. Seelsorger wollen ja nichts davon zudecken oder wegtrösten, sondern vielmehr zulassen und sich dazu hinstellen. Und sie stehen damit auch dafür ein, daß die Ohnmacht im Krankenhaus ein Wohnrecht hat und nicht sogleich durch pflegerische oder ärztliche Anstrengungen mundtot gemacht werden sollte. – Von den Seelsorgern kann man vielleicht auch – oder wieder neu – lernen, daß die Gottesebenbildlichkeit des Menschen *(1. Mose 1,28)* nie aufhört, auch nicht im Alter, in chronischer Krankheit, bei Demenz oder körperlicher Entstellung. Vielleicht stärkt diese Erinnerung unser Vermögen, mit Patienten, die wir nicht lieben können, dennoch liebevoll umzugehen. – Schließlich: Es gibt Religion in jedem Menschen, und in Zeiten der Krankheit braucht er sie als Kraftquelle ganz besonders. Pflegekräfte können vielleicht lernen, den inneren ›Hort des Glaubens‹ in jedem Menschen noch besser wahrzunehmen., jede Art der religiösen Leidensbewältigung zu respektieren und die heilenden Kräfte des Gottvertrauens in den Patienten auch selbst zu unterstützen.

10.10 Zusammenarbeit im therapeutischen Team

Seelsorger/innen können täglich neu versuchen, mit den Pflegenden ins Gespräch zu kommen und zum Wohl der Patienten mit ihnen zusammenzuarbeiten. In gewissem Umfang können sie vom Team Information empfangen und gelegentlich dem Team auch Information geben oder ihren seelsorgerlichen Gesichtspunkt ins Gespräch bringen. Je mehr Seelsorger über die medizinische und menschliche Situation eines Patienten wissen, umso besser können sie ihren Beitrag zur Fürsorge für den Patienten leisten. Manchmal läßt es sich einrichten, daß Seelsorger zu diesem Zweck an Stationsübergaben oder -beratungen teilnehmen können. – Gelegentlich werden sie von einem Arzt gebeten, die Mitteilung einer bitteren Wahrheit durch auffangende Gespräche mit den betroffenen Patienten zu unterstützen. – Seelsorger können zu Fürsprechern von Patienten werden, die z. B. noch nicht entlassen oder gegen die Meinung der Ärzte doch entlassen werden wollen, die nicht oder endlich doch operiert werden wollen, die eine weiterführende Behandlung oder den Abbruch aller Behandlung wünschen. – Bestimmt ist das Pflegepersonal dankbar, wenn Seelsorger in Situationen nicht fehlen, die als stark krisenhaft empfunden werden. Manchmal gilt es, Entscheidungen zu treffen, die auf Leben und Tod gehen, und die am besten von einer verantwortlichen Teamgemeinschaft zusammen getragen werden. – Sicher können Seelsorger eine Entlastung für die Pflegenden sein, wenn sie sich um Schwerkranke und Sterbende kümmern und die Angehörigen trösten. – In manchen Kliniken nehmen Seelsorger an Fortbildungsveranstaltungen fürs Pflegepersonal teil. – Immer wieder kommt es vor, daß Schwestern und Pfleger auch froh sind, wenn sie einen Seelsorger gut kennen, mit dem sie etwas Persönliches besprechen können.

Umgekehrt gilt: Seelsorger sind froh, wenn sie gesehen und angesprochen statt übersehen oder nicht beachtet werden. Sie freuen sich, wenn Schwestern sie auf einen Patienten hinweisen oder von sich aus in ein Gespräch über eine Problemlage einbeziehen. Seelsorger sind dankbar, wenn sie als ›normale Menschen‹ an manchem beteiligt werden, was es im Stationsteam zur Entspannung und Entlastung gibt: Kaffee und Kegeln, private Einladungen und Ausflüge. Je besser Seelsorger in der Krankenhaus-Institution integriert sind, umso mehr können sie ihren Auftrag an den Patienten erfüllen, der ja im Grunde der gemeinsame Auftrag aller ist, die im Krankenhaus arbeiten.

Literatur:

Hans v. d. Geest, Unter vier Augen, Beispiele gelungener Seelsorge, Zürich 1986[3];
Reinhold Gestrich, Am Krankenbett, Seelsorge in der Klinik, Stuttgart 1988[2];
Henry Mitchell, Arbeitsfeld: Krankenhaus, Göttingen 1974;
Henri J. M. Nouwen, Der dreifache Weg, Freiburg 1984;
Dietrich Stollberg, Wenn Gott menschlich wäre, Stuttgart 1978;
Rolf Zerfaß, Menschliche Seelsorge, Freiburg 1988[4].